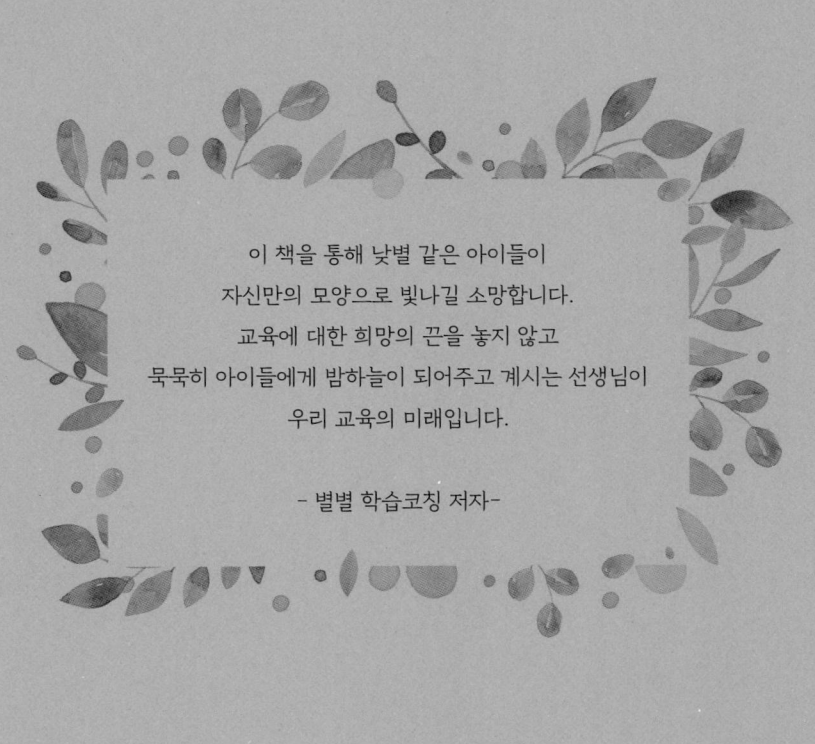

이 책을 통해 낮별 같은 아이들이
자신만의 모양으로 빛나길 소망합니다.
교육에 대한 희망의 끈을 놓지 않고
묵묵히 아이들에게 밤하늘이 되어주고 계시는 선생님이
우리 교육의 미래입니다.

- 별별 학습코칭 저자-

별별 학습코칭

유형별로 이해하고 전략별로 코칭하라

별별 학습코칭 (하권)

초판 1쇄 발행 2020년 8월 10일
     2쇄 발행 2022년 3월 18일
     3쇄 발행 2023년 9월 25일

펴낸이 소은숙
펴낸곳 (사)함께교육
지은이 김선자 김현미 백선아 백수연 이규대 이효선 최경산
디자인 하숙경
주　소 서울특별시 관악구 남부순환로 218길 36 402호
도서문의 070-4063-1060
메　일 edu-cooper@daum.net

ISBN 979-11-964883-3-8

유형별로 이해하고 전략별로 코칭하라

별별학습코칭

하권

김선자 김현미 백선아 백수연 이규대 이효선 최경산

사단법인 **함께교육**

미래를 살아갈 아이들에게
어떤 공부가 필요할까요?

　미래를 살아갈 아이들에게 어떤 공부가 필요할까요? 우리 어른들에게 이 질문에 대한 고민이 필요합니다. 우리는 여전히 공부가 미래를 위해 현재의 보람과 즐거움을 뒤로하고 혼자 힘들게 반복해야 하는 것으로 여깁니다. 공부에 대해 우리가 고민해야 할 이유가 여기 있습니다. 본질에 대해 끊임없이 고민하고 본질에 대한 마음을 잃지 않는 것이 그 일을 지속할 수 있게 하는 힘이 됩니다. 학습코칭연구회 모임 선생님들은 공부의 본질에 대해 질문하며 함께 배우는 공부문화를 계속 실천하고 있습니다.

　공부의 본질에 대한 고민을 담은 「교실 속 학습코칭」을 출간한 후 2년 만에 실천편인 「별별 학습코칭」을 출간하게 되었습니다. 「별별 학습코칭」은 교실이라는 공간을 넘어 가정과 마을 등 다양한 교육 공간에서 가르치는 분들에게 도움이 되길 바라는 마음으로 집필했습니다. 활동지 하나하나에 학생들의 주도성을 길러주고, 평생학습시대에 길잡이가 되기를 바라며, 연구회 선생님들의 공부 철학을 담았습니다.

이론 편인 「교실 속 학습코칭」으로 기초를 다지셨다면 「별별 학습코칭」으로 유형별, 전략별로 코칭해 보세요. 이번 실천편은 연구회 선생님들이 2년 동안 새롭게 실천한 활동과 학생 코칭 사례를 추가하였습니다. 이론적인 부분도 좀 더 탄탄하게 다지고 학생들을 코칭하며 느끼고 경험한 사례를 더하여 코칭 시 실질적인 도움이 되도록 하였습니다.

이번 「별별 학습코칭」은 티스쿨원격교육연수원에서 「교실 속 학습코칭」을 주제로 원격연수를 촬영하며 내용이 더 깊어지고 넓어질 수 있었습니다. '학습코칭이 왜 필요한가?'라는 질문을 다시 던지면서 배우는 학생과 처음 코칭을 시작하는 선생님들 입장에서 고민하였습니다. 원격연수를 준비하면서 학습코칭과 관련된 많은 책을 읽고, 한 권의 책을 통해 원고 한 장을 작성하기도 하였습니다.

7명의 학습코칭연구회 선생님들이 원격연수를 제작하는 과정이 쉽지만은 않았습니다. '이 일을 왜 해야 하나?'라는 질문을 서로에게 던지면서 7명의 선생님이 함께하였습니다. 억지 공부를 넘어, 꿈 너머 꿈을 꾸며 어떻게 살 것인지를 고민하게 하는 공부를 하게 하자는 마음을 담았습니다. 바로 그 마음이 있었기에 넘어서기 힘들다고 생각되었던 많은 산을 넘을 수 있었습니다. 그리고 그 산행의 과정은 힘겨웠지만 한 걸음 한 걸음 걸을 때마다 새로운 풍경이 펼쳐진다는 일보일경(一步一景)도 경험하였습니다.

늦은 저녁까지 열띤 토론과 회의를 거치며 선생님들의 연구력이 더해졌습니다. 하지만 이 일은 연구회 선생님들의 노력만으로 가능한 일이 아니었습니다. 선생님들을 응원해준 가족이 있었기에 가능했습니다. 가족들의 배려에 깊은 감사를 전합니다. 그리고 학습코칭을 처음 배우실 분들에게 도움이 될 수 있도록 피드백과 조언을 해주신 티스쿨 원격연수원의 최문영 CP와 원격 연수 촬영 기간 동안 저희 연구회 선생님들을 믿고 기다려주신 박병근 대표님께 감사드립니다. 무엇보다 이 모든 과정 중에 만난 어려운 순간을 넘어 원격 연수 촬영과 별별 학습 코칭 집필을 마무리 하게 하신 하나님께 감사드립니다.

    이 책이 빠르게 변하고 예측하기 힘든 불확실한 미래를 살아갈 학생들을 위한 교육에 대안이 되길 소망합니다. 그리고 다양한 학생들을 행복한 성장으로 이끄는 수업에 마중물이 되길 바랍니다. 우리나라 교육의 뿌리 깊은 문제들은 교사 한 사람이 해결하기 어렵습니다. 교사와 학부모 그리고 사회가 함께 풀어가야만 합니다. 공부 때문에 고민하는 아이들을 배움에 물들이고 행복한 성장으로 이끄는 학습 코치로 여러분을 초대합니다.

                                2020년 7월 끝자락에
                                집필자를 대표하여 김 선 자

전국 17,000명의 선생님이 함께하는 '선생님 밴드'에서 코로나19로 인한 온라인 수업을 하며 가장 고민되는 것은 무엇이냐고 여쭤보았더니 1위는 '교육의 본질 위축'이라고 대답했습니다. 온라인수업을 하며 놀랍게도 수업방해 없이 밀도있게 공부하며 변화하는 아이들을 만나고, 학교는 어떤 역할을 해야 하는지 더욱 고민하게 되었습니다. 온라인수업을 시작하며 아이들이 영상 중심의 학습을 대충 하지 않을까 걱정되었고, 그 걱정을 온전히 씻을 수 있었던 신의 한 수는 '배움공책 정리'였습니다. 배움공책을 확인하며 높은 수준의 학생들에겐 학습코칭의 2단계인 전략을 배우고, 3단계인 습관화하도록 돕는 과정을 고민하게 되었고, 영상을 대충 넘기며 과제도 제때 하지 않는 학생들을 만나며 '공부상처'를 포함한 개인의 공부 역사와 학습환경에 대해 진단할 필요를 절실하게 느꼈습니다. '별별 학습코칭'은 코로나19로 인한 블렌디드 수업 현실 속에서 교실이라는 공간을 넘어 가정과 마을 등 다양한 공간에서 가르치는 분들에게 절실했던 가려움을 긁어주는 시의적절한 책입니다. 수잔 델린저 박사님의 도형심리학을 기반으로 유형별 학생에 대한 코칭을 미리 고민하고 조언해주신 부분이 특히 도움되었고, 온라인수업을 하며 고민하기 시작한 부분들을 이미 이렇게 교육공동체를 통해 미리 실천한 경험을 나누어주셔서 정말 감사드립니다.

/ **허승환**, 〈공부가 좋아지는 공책 레시피〉 저자, 서울강일초 교사

열심히 공부를 하는데 성적이 오르지 않아서 힘들어하는 학생들을 볼 때, 안쓰러운 마음을 교사라면 누구나 가진다. 학부모의 마음은 더욱 아프다. 모든 학생들은 학습을 잘하고 싶은 마음을 가지고 있다. 하지만 적지 않은 학생들은 그 욕구를 전략과 실천으로 전환하지 못한 채 실패와 좌절을 반복한다. 교사로서 최선은 무엇인가? "어머니, 이 아이 학원 좀 보내시지요?"라고 말해야할까? 이 책은 학습의 원

리와 전략, 방법에 대한 교사들의 학습, 실천, 경험에 대한 내러티브를 담고 있다. 공허하지 않게 느껴지는 이유이다. 미래교육은 교사의 역할과 기능을 지식 전달자가 아닌 학습 매니지먼트 내지는 촉진자로 규정한다. 미래교육의 길이 이 책에 있다.

/ **김성천**, 한국교원대 교육정책전문대학원 교수

'참 공부'를 공부한 성찰적 실천가의 땀방울이 고스란히 스며든 책이다. '참 도움'이고 싶은 참교사의 마음이 담긴 책이다. '학습이란 무엇인가'를 이토록 치열하게 토론하고 연구한 공동체가 있을까? 무너진 아이의 내면에 힘을 주어 스스로 일어나 배움으로 나아가도록 도우려는 선생님들의 마음은, '코칭'이란 이름으로 담을 수 없는 아비와 어미의 마음이다. 분명 학생의 내면에서 감추어진 학습난제에 대해 맞춤형 전략을 선물해줄 것이다. 도래할 미래교육시대에 선생님이 갖추어야 할 핵심역량인 학습코칭을 위한 최고의 필독서가 될 것이다.

/ **장슬기**, 〈미래형 교육과정을 디자인하다〉 공동 저자, 씨앗스쿨 교감

이 책은 학교 현장에서 교육의 본질을 고민하고 있는 나와 선생님들에게 학습코칭이 무엇인지, 역량 기반 교육과정 구현에 있어 가장 기본이라 할 수 있는 개별화 교육을 어떻게 실천해 나가야 하는지에 대한 명확한 방향성과 실천 방안을 제시해 주고 있다. 저자 선생님들이 직접 체득하신 학습코칭 사례를 중심으로 제시한 유형별·전략별 코칭 사례들은 학교 현장의 많은 선생님들이 학생들을 코칭하는데 있어 실질적인 큰 도움이 될 것으로 기대한다.

/ **이미경**, 신천중학교 교사

'별별 학습코칭' 제목이 눈에 들어왔다. 마치 낯선 공간을 향하여 떠나는 여행자의 설레는 마음으로 심장이 쿵쾅거렸다. 행복한 여행을 하기 위해서는 여행자의 유형을 알아차려야 한다. 보는 것을 가장 우선하는 여행자, 먹을거리를 중요하게 생각하는 여행자, 뭔가 상품을 구입하기 원하는 여행자, 숙소가 중요하다고 외치는 여행자로 유형을 나눌 수 있다. 그리고 세밀한 여행 경로 전략을 만들어야 한다. 이럴 때 행복한 여행이 된다. 이 책은 학습코칭의 여행서이다. 이렇게 하라고 지시하지 않아서 좋다. 먼저 당신이 어떤 사람인지를 아는 것이 중요하다고 말한다. 내가 누구인지 모르고 우리는 학습을 해왔다. 우리에게는 '엉덩이의 힘'이란 공부 신화가 있다. 시간 총량의 법칙이다. 그 신화가 이 책에서는 산산이 부서진다. 그럴 뿐 아니라, 디테일하다. 전략이 있다. 명작은 디테일이 살아 있다. 동기, 전략적 읽기, 질문, 시간관리 등으로 이어지는 전략은 이 책의 가치를 말해준다. 코칭은 '가르치지(TEACHING)' 않고, '가리킨다(INDICATING).' 이 책에서 말하고자 하는 바이다. 교실에서 학생들을 어떻게 도울지 고민하는 선생님들에게는 한여름 소나기와 같이 마음에 시원함을 줄 것이며, 마을 교육 공동체를 일구며 학생들과 씨름하는 분들에게는 최적의 친구가 될 것이다. 그리고 학습 문제로 고민하는 이 땅의 젊은 청춘들과 학부모님들에게도 선한 파트너로 평생 동행하리라 믿는다.

/ **이규철**, 〈수업코칭〉 저자, 덕양중학교 교장

어릴 적부터 참 공부를 잘하고 싶었던 것 같습니다. 그러나 무언가 불편하고 억지로 하는 느낌이었습니다. 십대 아이들을 가르치고 키우는 어른이 되고 보니 나에게 공부의 동기와 이유가 잘못 학습되고 있음을 보았고 그래서 학습의 시작과 과정이 깨달음보다는 무언가 성공을 위한 도구였다는 생각을 하게 되었습니다. 이 책을 통해 진짜 학습은 배움의 과정임을 알게 되었습니다. 이 책이 소중한 학습의 도구가 되길 기대하겠습니다.

/ **홍성혜**, 소명중고등학교 학부모

무엇을 배웠고, 어떤 것을 배울 것인가? 무엇을 가르쳤고, 어떤 것을 가르칠 것인가? 부모, 교사, 학생으로서 배움에 대한 의문과 고민은 계속 되어 왔다. 7명의 교사들을 통해 진짜 공부를 만나고, 따뜻한 사랑을 느끼고, 뜨거운 열정을 마주하게 될 것이다. 무엇보다 가르치고 배우는 것에 대한 희망의 경험을 하게 될 것이다.

/ **정종연**, 소명중고등학교 학부모

「교실 속 학습코칭」의 실천편이 나오게 되어 너무나 신납니다. 이 책은 단순한 정보를 전달해 주는 지식 위주의 이론서가 아니라 학생들의 마음을 읽어 주고 학생들 안에 진정한 배움의 열정이 일어나도록 구체적으로 돕는 안내서입니다. 일례로 학습 유형에 대한 이해와 코칭에서 각 유형별 강점과 약점, 코칭 포인트 그리고 유형별 스트레스 코칭 뿐 아니라 유형별 성장 돕기 지침서까지 기록하고 있어 고민을 해결할 수 있습니다. 좋은 교사가 되기 위해 고군분투 하지만 힘들어 포기하고 싶으신 선생님들, 그리고 자녀를 좀 더 이해하고 잘 돕고 싶어 하시는 부모님들께도 이 책을 권해드립니다.

/ **이영주**, 소명중고등학교 학부모

하 권

여는 이야기 ● 4

추천사 ● 8

제8장 기억을 재발견하다, 기억 전략 ● 15

AI시대, 무엇을 왜 기억할 것인가? ● 17

기억의 과정과 속성 ● 24

기억과 전략 ● 32

기억을 돕는 4가지 전략 ● 40

집중하기와 기억 ● 43

이해하기와 기억 ● 49

요약하기와 기억 ● 54

반복하기와 기억 ● 60

제9장 시간에 재미, 의미, 깊이를 채우다, 시간관리 ● 71

시간관리에 대한 마음 세우기 ● 73

시간의 가치, 시간을 생각하다 ● 76

시간관리의 필요성을 인식하도록 돕는 활동 ● 86

시간관리 전략의 영역 이해하기 ● 96

목표 달성표 작성을 통한 중 · 단기 목표 세우기 ● 102

우선순위에 따른 시간 계획 세우기 ● 110

시간관리의 꽃, 주간 계획 세우기 ● 118

시간관리의 열매, 습관 세우기 ● 132

숙고와 복기의 시간, 피드백 ● 142

학습 유형에 따라 피드백도 다르게 ● 149

제10장 학습코칭을 통한 성장 이야기 ● 153

학습코칭연구회를 통한 교사들의 성장 ● 155
학습코칭을 통한 학생들의 성장 ● 161

제11장 미래 교육의 열쇠, 학습코칭 ● 171

4차 산업혁명 시대 교육의 변화 양상 ● 173
미래 학교 교육의 변화 방향에 부응하는 학습코칭의 지향점 ● 193

별별학습코칭 에필로그 ● 201

읽기와 기록을 중심으로 ● 203
공부 동기와 시간관리를 중심으로 ● 217

참고문헌 ● 231

미주 ● 234

제1장 공부의 즐거움에 물들이다, 학습코칭

학습코칭이 필요한 이유 / 학습코칭이 무엇인가요? / 학습코칭의 3단계

제2장 고유한 나를 알아가다, 학습 유형

도형심리학을 통한 학습 유형의 이해 / 학습 경향과 교수 경향의 폭넓은 이해

제3장 행복한 공부를 말하다, 공부 철학

똑똑하지만 불행한 아이들 / 왜곡된 공부 문화의 기원, 동아시아형 교육 모델의 극복 /
'공부'를 새롭게 정의하기

제4장 공부의 바람을 일으키다, 공부 동기

교실 속 학습코칭의 공부 동기 / 공부의 디딤돌을 세우는 활동 /
공부 동기를 높이기 위한 학급 자치 활동 /
공부 동기를 세우기 위한 교실 환경 조성하기 / 공부 동기를 세우는 교사의 역할

제5장 읽기에 날개를 달다, 읽기 전략

왜 읽어야 할까? / 읽기에 날개를 다는 SQ4R 읽기 전략 (1) – SQ로 시작하기 /
읽기에 날개를 다는 SQ4R 읽기 전략 (2) – 4R로 완성하기 / SQ4R 변형 사례

제6장 생각의 깊이를 더하다, 읽기 질문 전략

'스스로 질문하며 읽기'의 중요성 / 질문 – 대답 관계(QAR) 활동의 이해

제7장 생각을 다시 생각하다, 기록 전략

왜 기록해야 할까? / 무엇을 기록해야 할까? / 어떻게 기록해야 할까?(1) /
어떻게 기록해야 할까?(2)

제 **8** 장

기억을 재발견하다,
기억 전략

AI시대, 무엇을 왜 기억할 것인가?

기억의 과정과 속성

기억과 전략

기억을 돕는 4가지 전략

집중하기와 기억

이해하기와 기억

요약하기와 기억

반복하기와 기억

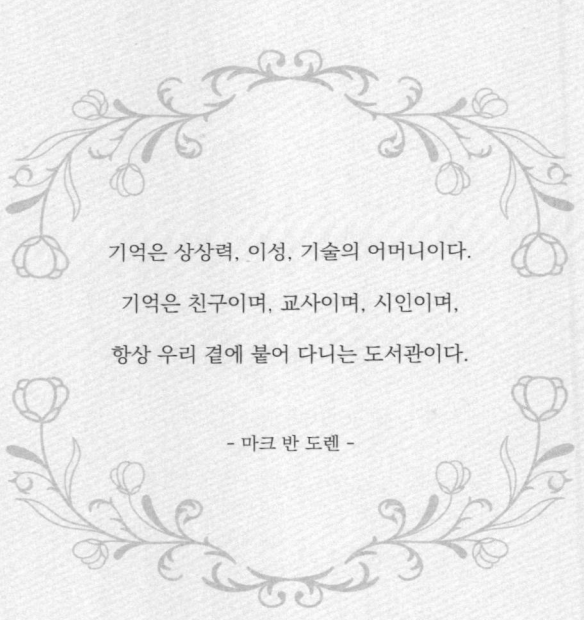

기억은 상상력, 이성, 기술의 어머니이다.

기억은 친구이며, 교사이며, 시인이며,

항상 우리 곁에 붙어 다니는 도서관이다.

- 마크 반 도렌 -

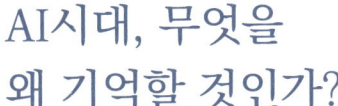

AI시대, 무엇을
왜 기억할 것인가?

이런 경험 있으신가요?

어느 날 오후, 주차장이 꽤 넓은 어떤 건물에 들어갔습니다. 해야 할 일을 다 하고 나서 주차장으로 돌아왔는데, 차를 찾을 수 없었습니다.

'어랏? 내가 차를 어디에 댔더라?'

얼른 차를 찾을 수 있는 그럴 듯한 방법을 생각해냈습니다. 주머니에서 차키를 꺼내어 머리 위로 들어 버튼을 눌렀습니다. 저 멀리서 "삑!" 소리가 들리고 저는 차를 찾을 수 있었습니다. 이같은 실수를 반복하지 않기 위해서 다음에 이 건물에 도착했을 땐 다른 방법을 생각해냈습니다. 주차한 위치를 사진으로 찍어두었습니다. 심지어 어떤 건물 지하 주차장엔 주차한 위치 사진을 촬영해 두라고 친절하게 안내가 되어 있기도 했습니다.

저에게 일어난 또 다른 일을 소개해 보겠습니다. 오랜만에 친구들을 만나고 싶다는 생각을 한 저는 친구들에게 연락을 하기로 했습니다. 손에서 무엇인가를 꺼내어 연락처를 찾은 뒤 친구들에게 연락을 했습니다. 그렇게 친구들과 연락이 닿았고 근처에 있는 맛있는 식당을 찾아보고 예약도 했습니다. 다시 주머니에서 이것을 꺼내어 괜찮은 식당을 찾아 예약을 마쳤습니다. 친구를 만나기로 한 시간이 되어 약속 장소로 가려고 했습니다. 익숙하게 이것을 꺼내어 식당의 위치를 검색해보고 잘 찾아갔습니다. 친구를 만나서 맛있는 식사도 하고 즐거운 시간을 보낸 뒤 비용 계산을 하려고 하니 주문한 메뉴가 많아 계산이 어려웠습니다. 자신 있게 이것을 꺼내어 손가락으로 몇 번 두드리며 말을 했습니다.

　　"한 사람당 6,800원씩 내"

그러자 다들 그 자리에서 각자가 가지고 있던 이것을 꺼내어 손가락으로 톡톡 두드리더니 말합니다.

　　"보냈어!"

이 상황들의 공통점은 무엇일까요? 바로 기억과 관련된 일들입니다. 그리고 그 기억들을 내 머리가 아닌 특별한 어떤 장비에 의존하고 있는 상황입니다. 이제는 전화번호를 기억하지 않아도, 맛있는 식당의 위치를 알고 있지 않아도, 그 곳을 찾아가는 방법을 모르고 있어도 이것에 의존해 불편하지 않은 삶을 살고 있습니다. 누군가 대신 계산을 해주기도 합니다. 내 손 안에 있는 작은 컴퓨터, 바로 스마트폰 하나면 간단히 해결할 수 있는 문제들입니다.

미래 교육에서 기억의 가치

지금 우리가 살고 있는 시대는 어떤 시대인가요? 굳이 어렵게 생각하지 않아도, 무엇을 기억하려고 애쓰지 않아도 쉽게 살 수 있는 시대가 아닐까요? 가장 낮은 단계의 인공지능(AI)이 될 것이라고 전망하는 스마트폰 하나면 거의 모든 것이 해결되는 시대, 인터넷에 연결만 가능하다면 거의 무한한 정보를 얻을 수 있는 시대를 이미 살고 있지는 않나요?

많은 전문가들이 2045년을 인류의 모든 지능을 합한 것보다 더 높은 지능을 가진 인공지능이 출현하는 때, 즉 싱귤래리티(특이점) 시대가 오는 때라고 예측합니다. 오히려 이보다 더 빨리 올 것이라는 예측도 여기저기서 나오고 있습니다.[1] 이미 해외 유수 대학들의 세계 최고 수준의 강의는 인터넷에 무료로 공개되어 있습니다. 학교에서는 강의 위주의 교육이 사라질 것이라고 전망합니다. 강의 위주의 교육을 받은 사람은 인공지능 시대에 1순위로 인공지능에게 대체되거나 지배될 것이라고 말합니다.

우리 삶의 많은 부분들이 인공지능으로 대체될 것으로 전망합니다. 지금도 낮은 수준의 인공지능이지만 이미 교육, 법학, 의학 등 많은 영역에서 인간의 능력을 훨씬 뛰어 넘는 인공지능이 도입되어 연구되었으며 상당 부분 대체되고 있습니다. 이런 시대에 더 많은 지식을 기억하는 것으로 교육의 경쟁력을 말할 수 있을까요? '누가 얼마나 더 많은 지식을 기억하고 있는가?'로는 더 이상 경쟁할 수 없는 시대가 다가오고 있습니다.

우리가 앞으로 만날 시대를 이렇게 전망한다면, 이 시대에 만날 우리 학생들의 이런 질문들에는 뭐라고 답을 해줄 수 있을까요?

"선생님, 굳이 기억하지 않아도 되는 시대가 오는데 여전히 기억이 중요한가요?"

"기억하는 거 귀찮아요, 스마트폰으로 저장하면 되잖아요."

"저는 어차피 머리가 나빠서 기억을 잘 못해요."

여기에 우리의 고민 지점이 있습니다. 앞으로 다가올 미래 교실에서 우리는 무엇을 가르쳐야 할까요? 언제 어디서나 지식과 정보를 쉽고 빠르게 얻어낼 수 있는 시대에 지식 위주의 교육이 다른 것으로 대체된다면 우리 학생들이 키워야 할 역량은 무엇일까요? 미래 교육을 전망하는 많은 자료들을 검토하고 연구를 해 본 결과 크게 다음의 세 가지가 공통적으로 언급되고 있음을 알 수 있었습니다. 그것은 바로 창의성, 학습능력, 협업능력(3C)입니다. 과연 이 세 가지 역량 가치들은 기억과 어떠한 연관성이 있을까요?

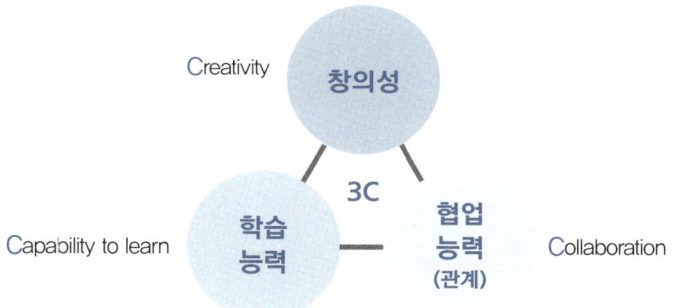

창의성

많은 학자들이 창의성을 미래 시대에 필요한 역량 1순위라고 말합니다. 사실을 달달 외우는 데 들이는 시간을 줄이고, 창의적인 사고를 기르는 데 쓰는 시간을 늘려야 한다고 입을 모읍니다.

애플의 전 CEO이자 공동 창립자인 스티브 잡스(Steven Paul Jobs)는 "창의성이라는 것은 그냥 여러 가지 요소를 하나로 연결하는 것이다(Creativity is just connecting things)."라고 말했습니다. 우리의 기억은 창의성을 발휘하는 재료들이 되며, 그 기억의 새로운 조합이 창의성 그 자체가 됩니다. 생각이라는 것은 우리가 가지고 있는 기억을 뇌 밖으로 끄집어내어 결합하는 과정입니다. 우리가 얼마나 많은 지식을 재료로 가지고 있느냐에 따라 창의성을 발휘하는 시작점이 달라지는 것입니다.

배경 지식이 풍부하면 풍부할수록 더 많은 기억의 재료들이 연결되어 남들이 상상하지 못한 새로운 창조물들을 탄생시킬 수 있는 것입니다. 떨어지는 사과와 물체가 서로 끌어당기는 힘을 연결시킬 수 있었던 것은 인력이라는 배경 지식을 가지고 있었기 때문입니다. 위대한 발견은 이렇게 만들어지는 것입니다.

학습능력

세계적인 미래학자 앨빈 토플러(Alvin Toffler)는 "21세기 문맹인은 읽고 쓸 줄 모르는 사람이 아니다. 배운 것을 잊고 새로운 것을 배울 수 없는 사람이다."라고 말했습니다. 미래를 주도적으로 살아가기 위해서는 학습할 수 있는 능력, 조금 더 구체적으로 이야기하자면 자기주도적인 학습 능력을 가지고 있어야 합니다.

미래 시대는 평생 학습 시대입니다. 급변하는 시대에 발맞추며 살아가기 위해서는 스스로 정보를 가공하고 재생산하는 능력이 중요합니다. 한 가지 직업으로 평생을 살아가기 힘든 시대 스스로 직업을 만들어 내는 시대를 살아가야 할 우리 학생들은 새롭게 쏟아지는 정보들을 스스로 분별하고 재가공하여 새로운 것들을 만들어 낼 수 있어야 합니다. 누군가가 가르쳐주는 대로 정보를 수용하는 것이 아니라 나에게 필요한 정보를 내 방식대로 정리하고 꺼내는 능력이 필요합니다.

학습코칭을 통하여 키워주고자 하는 가장 중요한 가치가 바로 자기주도적 학습 능력입니다. 단순히 공부법을 알려주는 것을 넘어 학습에 대한 동기를 부여하고, 스스로 학습할 수 있도록 안내해주는 것이 코치로서 중요합니다.

협업능력

협업능력, 다른 표현으로 협력은 어떤 직업에서든 시대 변화에 따라 새롭게 떠오른 핵심 역량입니다. 사람들과 협력할 수 있는 능력, 어떤 일이나 과제를 함께 수행하는 사람들과 원만히 지내며 협동함으로써 최고의 성과를 낼 수 있는 능력을 말합니다.

애플, IBM 등의 기술자들을 모집하는 제프 윈터(Jeff Winter)는 "훌륭한 프로그래밍 기술을 가진 사람은 많지만 사회적 역량이 부족해 발목을 잡히는 경우가 많다.”고 말합니다. 즉, 사회성이 부족하다면 미래 사회에서 성공할 수 있는 기회조차 얻기 힘들다는 것을 의미합니다.

기억은 감정과 정서를 동반합니다. 이같은 기능은 ‘지식을 떠올리고 활용하는’ 것 이상으로 중요한 기억의 가치입니다. 사람, 장소, 상황에 대한 기억은 우리의 감정과 정서에 영향을 주고 그것은 관계를 만들어 가는 데 도움을 줍니다.

기억의 쓸모

지금까지의 이야기를 정리해보겠습니다. 미래 사회가 어떻게 변하더라도 학습에 있어서 기억은 가장 기본 단계라는 것에는 변함이 없습니다. 결국 기억을 할 것인가 안 할 것인가가 아니라 무엇을 어떻게 기억할 것인가가 중요한 질문입니다.

기억이 창고 혹은 서류함에 비유되어 정보를 저장하는 것에 불과하다면 기억의 존재가치는 점점 더 기계에 대체될 수밖에 없습니다. 우리는 기억을 떠올릴 때마다 지식을 뒤적거리는 것에 머무르는 것이 아니라 이 과정을 통해 무엇인가를 추가로 학습합니다. 다시 말해 기억을 인출할 때 우리의 경험을 재가공하는 과정이 일어나게 됩니다.

기억의 쓸모는 과거를 보존하는 저장에 있지 않습니다. 이것을 재조합해 해석하는 통찰력에 있습니다. 우리는 기억을 과거에 관한 것으로만 받아들입니다. 하지만 ‘기억은 미래 지향적이며 창조적인 능력’이라는 관점으로 바라보아야 합니다. 그것이 미래 교육에서 기억이 가지는 중요한 가치인 것입니다.

기억의
과정과 속성

기억의 정의

    기억에 대한 기본적인 이야기들로 돌아가 보겠습니다. 당연하다고 생각하고 있는 기억의 과정과 속성들에 대해서 정리하고 다시 한 번 확실하게 이해하고 넘어가겠습니다.

    먼저 기억의 사전적 정의를 생각해봅시다. 표준국어대사전에서는 기억을 다음과 같이 정의하고 있습니다.

기억 : (명사)

1. 이전의 인상이나 경험을 의식 속에 간직하거나 도로 생각해 냄

2. (심리) 사물이나 사상(事象)에 대한 정보를 마음속에 받아들이고 저장하고 인출하는 정신 기능

3. (정보.통신) 계산에 필요한 정보를 필요한 시간만큼 수용하여 두는 기능

　기억은 암기라는 말과 자주 비교를 하게 됩니다. 학습한 것을 머릿속에 저장한다는 뜻으로는 비슷한 의미로 여겨질 수 있습니다. 암기는 '외워서 잊지 아니하는 것', '이해 없이 단순히 구조화 하지 않고 외우는 방식', '벼락치기' 등으로 설명이 되곤 합니다. 약간 부정적인 느낌도 납니다. 반면에 기억은 '마음속으로 뜻을 새겨가면서 저장하는 과정', '과거의 사물에 대한 것이나 지식 따위를 머릿속에 새겨두어 보존하거나 되살려 생각해 냄', '시간이 오래 지나도 다시 인출이 가능한 장기 기억' 등으로 설명합니다. 암기와 비교해볼 때 좀 더 긍정적인 의미로 다가옵니다.

　공부 효과를 높이기 위해서는 단순 암기보다는 뜻을 새겨가며 머릿속에 '기억' 하는 것이 바람직합니다. 기억의 관점으로 학습을 정의해보면 다양한 감각기관을 통해 받아들인 정보를 자신의 기억속에 저장하는 과정이라고 할 수 있기 때문입니다. 따라서 학습 코치는 학생들이 무조건적으로 학습 내용을 암기하지 않도록 코칭해야 합니다. 학습 내용을 정확하게 이해하고 다양한 전략을 활용하여 효과적으로 정리하고 기억할 수 있도록 도와야 합니다.

암기(暗記)	기억(記憶)
● 외워서 잊지 아니함 ● 이해 없이 단순히 외우는 방식을 의미 ● 대부분 단기 기억물 ● 빨리 소멸되어 진짜 도움이 되는 지식으로 남는 데는 무리가 있음	● 마음속으로 뜻을 새겨가면서 저장하는 과정 ● 과거의 사물에 대한 것이나 지식 따위를 머릿속에 새겨 두어 보존하거나 되살려 생각해 냄 ● 시간이 오래 지나도 쉽게 지워지지 않을 가능성이 높음

기억의 과정

기억은 일련의 과정으로 구성되어 있습니다. 일반적으로 입력(약호화, encoding) — 저장(storage) — 인출(retrieval)의 3단계로 구분합니다.

입력	저장	인출
받아 들이기	**가지고 있기**	**불러오기**
기억해야 하는 내용들이 머릿속으로 들어오는 단계	받아들인 정보를 머릿속에 저장해 두는 단계	머릿속에 저장된 내용들을 탐색하여 찾아내는 단계

입력 단계는 기억해야 할 내용들이 머릿속으로 들어오는 단계입니다. 우리가 가진 오감(시각, 청각, 후각, 촉각, 미각)을 통해 감각 등록기로 다양한 정보들이 들어옵니다. 이렇게 받아들여진 정보는 다음 단계인 저장 단계로 넘어갑니다. 저장 단계는 받아들인 정보를 머릿속에 저장해 두는 단계입니다. 입력된 정보를 얼마나 오랜 기간 동안 정확하게 저장하느냐가 학습의 중요한 목표입니다. 하지만 그 이상으로 중요한 단계가 있습니다. 바로 인출 단계입니다. 인출 단계는 머릿속에 저장된 내용들을 탐색하여 찾아내는 단계입니다. 저장한 정보를 필요한 때에 불러오지 못한다면 기억의 의미와 가치는 줄어들 수밖에 없을 것입니다.

기억의 3단계 모델

기억의 3단계 모델은 아주 오래 전 부터 기억에 대한 대부분의 연구에 대한 방향을 제시했습니다. 3단계 모델은 감각기억 — 단기기억 — 장기기억으로 구성되어 있습니다.

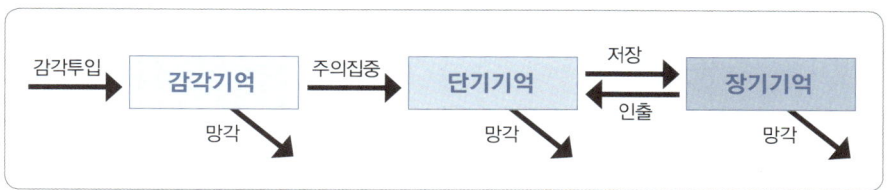

감각기억

    물리적 환경으로부터 들어오는 정보는 우리가 가진 오감을 통해 감각 등록기로 들어옵니다. 이 등록기들은 감각기억 정보들이 주의 집중되고 인식되고 기억 체계를 따라 다음 단계로 이동할 때까지 머무는 일시적인 저장소라고 할 수 있습니다.

    감각기억 단계에서는 주의집중이 가장 중요합니다. 주의집중하여 받아들이지 않은 감각 정보는 재빨리 망각됩니다. 수많은 정보들이 우리에게 다가오는데 주의집중하지 않는 정보들까지 모두 받아들이게 된다면 우리의 뇌는 과부하가 걸리게 될 것입니다. 그래서 본능적으로 우리의 뇌는 집중하지 않는 정보를 그냥 지나치게 됩니다. 기억의 가장 중요한 첫 단계는 바로 주의집중입니다. 이렇게 선택된 정보들은 기억의 다음 단계로 넘어가게 됩니다.

단기기억

    우리가 주의 집중한 정보는 감각기에서 인식된 후에 기억의 다음 단계인 단기기억 단계로 들어갑니다. 의식적으로 인식하고 있으며, 문제를 해결하고, 추론하고, 결정을 내리는 활동을 하는 작은 용량(7 ± 2)과 짧은 지속시간(30초 이하)을 가지는 기억의 단계입니다. 단기기억 내에 있는 정보 중에서 주의 집중된 것들은 나중에 다시 사용될 때를 위해 장기기억에 부호화됩니다. 이때에도 주의 집중되지 못한 정보들은 망각됩니다. 그렇기 때문에 기억해야 할 정보들을 단기기억 단계에서 그 다음 단계인 장기기억 단계로 보내는 것이 학습에서 중요한 목표입니다. 결국 단기기억 단계와 장기기억 단계를 어떻게 효과적으로 연결할 것인지가 중요한 학습 전략이 될 것입니다.

장기기억

기억의 마지막 단계는 바로 장기기억 단계입니다. 장기기억은 무한한 정보를 영구적으로 저장할 수 있는 곳으로 알려져 있습니다. 다시 말해 쉽게 망각되지 않고 용량이 무제한적인 영역입니다.

장기기억에 저장된 정보를 사용하기 위해서는 그 정보를 꺼내서 단기기억에 다시 보내야 하는데, 이것을 인출이라고 합니다. 장기기억에 저장된 정보를 인출할 수 없다면, 그것을 망각이라고 합니다.

감각 기억	우리가 가지고 있는 감각들에 대해 하나씩 있는 감각 등록기들의 집합으로, 외부세계의 정보를 보고, 듣고, 경험하며 감각기관을 통해 정보를 받아들이는 단계
단기 기억	우리가 의식적으로 인식하고 있으며, 문제를 해결하고, 추론하고, 결정을 내리는 활동을 하는 작은 용량(7 ± 2)과 짧은 지속시간(30초 이하)을 가지는 기억의 단계
장기 기억	긴 시간 동안(어쩌면 영원히) 정보가 저장되고, 그 정보의 용량이 무한한 기억의 단계

망각

의도와는 상관없이 우리는 많은 것을 잊습니다. 망각은 기억에서 정보가 손실되거나 정보를 불러올 수 없는 상태를 이야기합니다. 정보가 실제로 기억에서 없어지는 것인지 혹은 다른 정보가 회상하는데 간섭하는 것인지, 정보는 여전히 존재하지만 정보가 왜곡되어 인출 정보가 부족해지면서 인출되지 않는 것인지에 관해서는 학자들마다 의견이 분분합니다.

소멸(decay)

시간이 경과하면서 두뇌에 만들어진 기억의 흔적들이 희미해지는 것을 소멸이라고 합니다. 사용되지 않는 정보가 시간이 지남에 따라 잊히는 현상에 주목한 이론입니다. 그러나 이 이론만으로는 설명하지 못하는 부분들이 있습니다. 오랜 시간이 지나도 생생하게 기억나는 정보들의 경우가 그런 것입니다. 반면에 최근에 일어난 사건이지만 기억이 가물가물한 것도 있습니다. 이 이론에 반하는 현상들이 빈번하게 나타나기 때문에 많은 지지를 받지는 못하고 있습니다.

소멸 현상을 줄이기 위해서는 학습을 할 때 그 내용에 주의를 기울이고 입력하여 확실하게 흔적을 남겨야 합니다.

간섭(interference)

입력된 정보들끼리 충돌을 일으켜서 정보의 인출이 제대로 이루어지지 않는 것을 간섭이라고 합니다. 특히 기억하고 있는 정보들이 서로 비슷한 경우에 이러한 일들이 많이 발생합니다. 간섭에는 새로운 정보를 기억하고자 할 때 기존에 기억된 정보가 새로운 정보를 방해하는 순행간섭과 기존의 정보를 기억해내고자 할 때 새로운 정보가 기존에 기억된 정보를 방해하는 역행간섭이 있습니다.

학습이 끝난 후 잠을 잔 학생이 잠을 자지 않은 학생보다 학습 내용을 더 잘 기억하는 것은 간섭이 적었기 때문입니다. 간섭현상은 유의미하게 학습된 정보의 망각보다 기계적으로 학습한 정보의 망각을 더 잘 설명할 수 있습니다.

간섭을 막기 위해서는 학습할 내용을 체계적으로 조직화하여 저장해야 합니다. 그리고 복습과 비교를 통해 주제들 간의 관계를 강조함으로써 간섭을 줄일 수 있습니다.

인출 실패(retrieval failure)

분명히 어떤 정보를 기억하고 있다는 확신이 있는데, 기억해 내고자 하는 정보를 찾을 수 없는 현상이 있습니다. 이것을 인출 실패라고 합니다. 어떠한 원인에 의해 장기기억에서 정보를 인출하는 능력이 부족하거나, 저장된 정보에 접근할 수 있는 단서가 없거나 잘못되어 인출하지 못하는 경우를 말합니다.

"아직 말 하지 마!"

어떤 사람의 이름이 얼른 떠오르지 않을 때, 어떤 정보가 가물가물할 때, 그런데도 금방 생각날 것 같은 순간이 있습니다. 설단현상(Tip-of-the-Tongue, 舌端現象)이라고도 하는 이 상황은 특정 상황에서 인출해야 할 정보가 혀끝에서 뱅뱅 맴돌면서 찾아지지 않는 현상입니다. 그 기억을 되살리려고 애쓰면서 그와 연관된 다른 기억들을 가져오다 보면 그 단서들로 기억을 찾아오기도 합니다. 그것이 제대로 이루어지 못하는 경우가 바로 인출 실패입니다. 현대의 기억 이론들은 대부분의 망각이 인출 실패로 인해 발생한다는 견해가 많습니다. 장기 기억 속에 저장된 정보를 잊는 것이 아니라 인출하지 못하는 것을 망각으로 설명하기 때문입니다.

학습할 때 여러 가지 방법으로 새로운 정보를 학습하고 서로 관련 짓게 함으로써 인출 단서를 확실히 만드는 것이 인출 실패 현상을 줄일 수 있는 방법입니다.

기억과 전략

당나귀의 생일

미국 속담에 '코끼리는 절대 잊지 않는다(An Elephant Never Forgets).'는 말이 있습니다. 실제로 코끼리들은 영리한 동물로 수십 년 전에 만난 사람이나 한 번 가본 길은 잊지 않을 만큼 기억력이 뛰어나다고 합니다. 때문에 서양에서 코끼리는 '현명함'과 '지혜'를 상징하기도 합니다.

재미있는 동화를 하나 소개해드리려고 합니다. 오늘의 이야기에는 코끼리 아저씨와 당나귀가 등장합니다. 코끼리 아저씨가 등장하는 것이 단순히 우연 같아 보이지는 않습니다. 자 이제 이야기를 시작해 보겠습니다.

"오늘은 당나귀의 생일이에요. 당나귀는 파티를 열고, 숲 속 친구들을 초대하기로 했어요. 당나귀는 얼른 코끼리 아저씨네 가게에 가서 친구들과 파티에서 먹을 음식을 사오기로 했어요.

당나귀는 코끼리 아저씨네 가게에 가는 길에 친구들을 만났어요. 잠을 못자는 사자 아저씨, 울고 있는 올빼미, 뜨개질하는 고양이, 시무룩한 원숭이, 난감한 개구리... 다들 무슨 일이 있는지 당나귀에게 부탁을 해요. 결국 코끼리 아저씨네 가게에 도착했을 때, 당나귀는 무엇이 필요한지 몽땅 까먹어버렸지 뭐에요!

어떻게 하면 모든 것을 기억해내서 어려움에 빠진 친구들을 도와주고 무사히 생일 파티를 열 수 있을까요?"[2]

이 이야기는 네덜란드 출신의 기억력 챔피언인 베셀 산드케의 「코끼리 아저씨의 신기한 기억법(2018)」이라는 동화책의 줄거리입니다. 동화 속에서 코끼리 아저씨는 당나귀에게 어떠한 특별한 방법, 즉 전략을 활용하여 친구들의 부탁을 하나하나 떠오르도록 도와줍니다. 과연 기억에는 특별한 전략이 숨어 있을까요?

다음 이미지들을 상상해 봅시다!

머릿속으로 정글의 이미지를 상상해 봅시다. 이 정글의 이름은 '기억의 정글'입니다. 정글 앞에 동물이 서 있습니다. 이 동물은 생각을 의미합니다. 이 동물은 정글 입구에 있는 작은 초원을 지나야 합니다. 그리고 이 초원을 지나 정글에 들어온 동물은 정글을 떠나지 않습니다.

작은 초원은 단기 기억을 의미합니다. 단기 기억은 초원이 작아서 용량에 한계가 있으며 빨리 사라지는 특성이 있습니다. 정글은 장기 기억을 의미합니다. 장기 기억은 정글을 떠나지 않습니다. 이 내용들을 바탕으로 기억과 관련한 몇 가지 특징을 시각화하여 기억해 보겠습니다. 꼭, 머릿속으로 상상하며 아래 글을 읽어 보세요.

첫 번째로 동물이 초원을 지나가는 길을 상상해봅시다. 이 길은 기억의 경로를 의미합니다. 기억은 이 기억의 경로를 많이 사용할수록 기억해내기 쉽습니다. 다시 말해 여러 번 밟은 길일수록 경로가 선명해집니다. 어떠한 정보를 자주 떠올리고 동일한 정보를 자주 기억 속에 집어넣을수록 더욱 쉽게 기억할 수 있습니다.

두 번째 상상을 해봅시다. 정글 공터에 모여 있는 수많은 동물의 떼, 무리지어 있는 동물들을 떠올려봅시다. 한 마리가 있는 것 보다 더 선명하게 잘 보이겠죠? 비슷한 정보들을 연결해서 생각하면 더 쉽게 정보를 떠올릴 수 있습니다. 덩어리로 이루어진 생각, 다시 말해 인출 단서들을 많이 연결시켜 놓은 정보들은 필요할 때 꺼내기 유리합니다.

세 번째는 등 돌리기입니다. 코끼리를 정글에 풀어주고 돌아서서 잠깐 뒤에 다시 바라보면 코끼리는 사라지고 없어집니다. 대부분의 정보는 이런 과정을 겪습니다. 짧은 시간이 흘러도 곧바로 망각이 시작되고 맙니다. 그래서 재빨리 복습하는 것이 중요합니다. 생각이라는 동물이 단기 기억의 작은 초원을 지나는 동안 눈을 떼지 말고 장기 기억의 정글로 들어서자마자 다시 복습을 하는 것이 기억을 돕는 중요한 방법입니다.

마지막으로 동물이 가야 할 방향을 지시한다고 상상해봅시다. 이번에는 정글 안에 있다고 생각해봅시다. 초원의 입구에 서서 기억의 동물들이 초원을 거쳐 정글로 들어가는 과정을 직접 관리하고 있다고 상상해봅시다. 이것은 학습 과정에서 우리가 얼마나 능동적인 역할을 하고 있는가를 의미합니다. 스스로 집중력을 발휘하고 여러 가지 기억법을 활용해 기억을 직접 통제하는 것입니다. 무작정 반복하기 보다 전략과 기술을 활용해 기억하는 것이 효율적입니다.

한 번 정리해볼까요?

- 여러 번 밟은 길 – 반복
- 덩어리로 이루어진 생각 – 인출 단서, 연결
- 등 돌리기 – 복습
- 방향을 지시 – 집중, 기억법 활용

기억의 특징을 기억 전략 중에 한 가지 방법으로 소개를 해 보았습니다. 이 네 가지 특징이 이미지로 잘 남아 있나요? 학생들과 이야기를 풀어서 이러한 방식으로 기억의 특징을 소개해 주면 곧잘 이해하고 기억할 수 있습니다.

기억에 대한 새로운 이해

비교적 최근까지도 기억에 대한 여러 가지 오해들이 있었습니다. 과거에 사람들은 인간의 기억을 벽장이라고 생각했습니다. 무엇인가를 기억한다는 것은 벽장을 뒤져서 원하는 것을 일일이 찾아보는 것을 의미했습니다.

하지만 기억을 둘러싼 이러한 기존의 견해는 문제점이 있습니다. 벽장은 여러 가지 잡동사니가 너무 많아서, 벽장이 제 아무리 크다 해도 언젠가는 더 이상 저장할 공간이 없어집니다. 뇌를 연구하는 전문가들의 연구 결과에 따르면 기억은 벽장도 아니고 그 안에 보관되어 있는 물건도 아니며 일종의 과정이라는 것이 밝혀졌습니다. 기억은 '저장'되는 것이 아니라 함께 점화하는 활성 뉴런(*신경계의 단위로 자극과 흥분을 전달한다.) 사이의 패턴이 연결되는 과정입니다. 정보를 코드화하고 또 이전에 함께 연결된 뉴런을 디코딩, 즉 재활성화하는 과정이라고 할 수 있습니다.

기억이란 뇌의 어떤 활동 패턴이 미래에 다시 일어날 확률을 말합니다. 따라서 우리가 특정 정보를 떠올릴 때마다 기억을 재생성합니다. 우리 뇌는 뭔가 새로운 내용을 배울 때마다 더 많은 뉴런을 서로 연결시킴으로써 물리적인 변화를 겪습니다. 다시 말해 많이 배울수록 뉴런의 연결이 늘어납니다. 결론적으로 인간의 뇌가 감당할 수 있는 코드화 능력에는 그 한계가 없다고 할 수 있습니다.

이러한 이해는 학습코칭에서 매우 중요한 의미를 지닙니다. 우리의 뇌는 어느 한계 지점이 있는 것이 아니라 누구나 연습하고 노력하면 성장할 수 있다는 믿음을 학생들에게 심어주어야 합니다. 물론 코치 자신도 그러한 믿음을 가지고 있어야 합니다.

기억력도 훈련할 수 있을까?

기억력 챔피언이 되기 위한 훈련

해마다 열리는 전미 메모리 챔피언십(USA National Memory Championship)에서는 색다른 챔피언을 뽑습니다. 내로라하는 미국 전역의 최고 기억력자들이 올림픽을 하듯 몇 개의 종목에서 서로의 기억력을 겨룹니다. 얼굴과 이름, 숫자, 카드, 단어, 시 외우기, 티파티 게임 등 여러 종목을 겨뤄 최고의 기억력자를 선정합니다.

재미있는 것은 이 대회에 참여하는 사람들이 태어날 때부터 천재적인 기억력을 가진 사람들은 아니라는 것입니다. 심지어 학창시절 학점이 좋지 않아 대학에서 퇴학을 당했었다는 기억력 챔피언의 인터뷰도 있었습니다. 그리고 그는 말합니다. "이 모든 것은 노력한 결과입니다."

프리랜서 기자인 조슈아 포어는 2005년에 열린 전미 메모리 챔피언십을 보러 갔다가 영국 출신 메모리 그랜드 마스터인 에릭 쿡을 인터뷰했습니다. 에릭 쿡은 이렇게 말했습니다. "저는 천재가 아니에요. 제 기억력은 보통 수준입니다. 기억력이 보통이라고 해도 제대로 활용만 하면 대단한 능력을 발휘할 수 있다는 것을 아셔야 합니다."

조슈아 포어는 그것을 증명하는 실험을 해보고 싶었습니다. 2006년 대회 참가를 목표로 1년 동안 꾸준히 기억력 기술을 연마한 그는 결국 2006년 전미 메모리 챔피언십에서 기억력 챔피언이 되었습니다.

앞에서 소개했던 「코끼리 아저씨의 신기한 기억법(2018)」을 썼던 네덜란드 기억력 챔피언 출신 베셀 산드케는 코끼리 아저씨의 기억법 (장소를 떠올리고, 이미지와 연결하여 장기기억으로 저장하는 방법)을 이용해 잠재력을 개발하고 기억력을 강화하는 두뇌 훈련을 해왔다고 합니다.

항공사 승무원들의 기억력 훈련

직업적으로도 기억력을 훈련하는 경우들이 있습니다. 항공사 승무원들은 항공기 탑승객들의 다양한 요청 사항을 잊어버리지 않기 위해 각자 다양한 기억 전략들을 활용한다고 합니다. 탑승객이 원하는 것을 정확하게 전달하기 위해 자리의 위치, 사람의 인상착의, 주문한 요청 사항 등을 자신만의 기억법으로 기억해냅니다. 이를 위해 특정 잡기, 상상하기 등의 방법으로 사람의 얼굴, 좌석 위치, 요구

사항 등을 기억한다고 합니다.

카페나 식당의 종업원들은 주문을 잊거나 잘못 처리하지 않기 위해 여러 기억법을 활용합니다. 식당 종업원들은 대개 주문을 받아 적습니다. 하지만 어느 손님에게 어떤 음식을 내놓아야 하는가에 대해서는 머릿속으로 기억을 해 두어야 할 때가 많습니다. 그래서 손님들의 주문을 일정 순서대로 기억하고 음식이 나오면 시계 방향으로 내놓는다든가 하는 식으로 처리한다고 합니다.

런던의 택시 "블랙 캡"

런던에서 택시기사 면허증을 받으려면 런던 중앙부에서 반경 25마일(약 40km) 내에 있는 약 2만 5,000개의 도로와 2만 개의 랜드마크를 모두 외워야 합니다. 이것들을 모두 익히는데 보통 2~4년이 걸리고 여러 단계의 시험을 통과해야만 면허증을 받을 수 있습니다. 마지막 단계인 '지식'(the Knowledge)이라는 이름의 어려운 시험을 통과해야 면허를 취득할 수 있습니다. 세계에서 가장 까다로운 시험이라고 알려져 있는 이 시험은 평균 12번의 실패 끝에 통과한다고 합니다.

2000년대 초반, 과학자들은 런던의 블랙 캡 운전기사를 대상으로 연구를 진행했습니다. 운전기사들이 여러 해에 걸쳐 복잡한 공간 훈련을 하는 동안 두뇌에 변화가 있을 것이라고 기대했기 때문입니다. 연구진은 훈련 기간이 끝날 무렵 택시기사들이 보통 사람보다 공간 탐지를 담당하는 오른쪽 후방 해마가 보통 사람들에 비해 7% 더 컸다는 사실을 발견했습니다. 버스 기사들은 단순히 노선 하나만 익히면 되기 때문에 블랙 캡 운전기사와 같은 정도의 두뇌 성장을 찾아볼 수 없었다고도 합니다. 더 재미있는 사실은 블랙 캡 운전기사들도 은퇴 후에는 해마의 크기가 다시 줄었다고 합니다.

뇌의 가소성

우리의 두뇌는 훈련하면 기억력이 좋아질 수 있을까요? 블랙 캡 운전기사에 대한 연구[3]를 비롯하여 여러 연구 결과에 따르면 우리의 두뇌는 어느 정도 적응성을 가지고 있고, 변화하고 성장한다는 것을 알 수 있습니다. 두뇌 연구에서 얻어진 새로운 증거들은 적절한 가르침을 받는다면 누구나 학습을 잘 할 수 있고 가장 높은 성취 단계에 이를 수 있다는 사실을 말해줍니다.

사람들은 '잠재력'은 타고난다는 매우 강한 믿음을 가지고 있습니다. 그러나 실제로는 그렇지 않습니다.[4] 학생들의 타고난 두뇌 차이가, 살아가면서 겪는 두뇌 성장에 비하면 깃털 하나의 무게만큼도 중요하지 않습니다. 학생들이 스스로에 대한 믿음을 가질 때 가장 좋은 배움의 기회가 옵니다. 학생들이 성장 마인드셋을 갖도록 동기 부여하는 것이 코치의 가장 중요한 역할입니다.

기억전략에 대한 학습코칭은 아래와 같은 기본 철학을 바탕으로 이루어집니다.

> ● 학생의 잠재력은 고정되어 있지 않고 성장할 수 있다는 믿음을 원칙으로 한다.
> ● 실제로 기억력은 타고난 고정된 재능이 아니라 전략과 훈련으로 성장할 수 있는 능력이다.

코치로서 이것을 잊지 않고 학생들을 코치할 수 있도록 항상 기억해야 합니다.

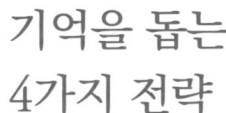

기억을 돕는
4가지 전략

기억을 돕는 4가지 기본 전략

어느 날, 영국으로 유학을 간 한 학생이 저에게 메일을 보내왔습니다. 그간에 어떻게 지냈는지, 어떻게 살고 있는지 안부를 전해왔습니다. 메일을 읽던 중에 말미에 추신으로 보내온 내용이 제 시선을 끌었습니다.

'p.s) 선생님, 저 요즘 물리가 너무 재밌습니다! 여기서 공부하다 보면 선생님께서 수업 시간에 설명해 주셨던 것들, 사소한 이야기들이 떠올라요 ㅎㅎㅎ 전자기파를 설명해 주시며 춤(?) 추셨던 것, 광전효과를 설명해 주시면서 교실 불을 껐던 것이 가장 많이 생각난답니다.'

사실 저는 학생들 앞에서 춤을 춘 적이 없습니다. 전자기파의 성질을 설명해 주면서 왼쪽 팔을 좌우로, 오른쪽 팔을 상하로 움직이며 간단한 동작을 몸으로 보여주었던 것인데, 그걸 춤으로 해석했던 것입니다. '전자기파의 성질'이나 '광전

효과가 무엇인지'를 기억해야 하는데, 춤을 춘 것과 교실 불 껐던 것이 기억난다니……. 큰일입니다. 그래도 교사의 이런 활동들을 기억한다면 그와 관련하여 내용도 연결지어 기억하고 있지 않을까요? 학생들의 기억을 돕는 데 있어서 수업에서 교사의 역할도 중요한 것은 분명한 사실입니다.

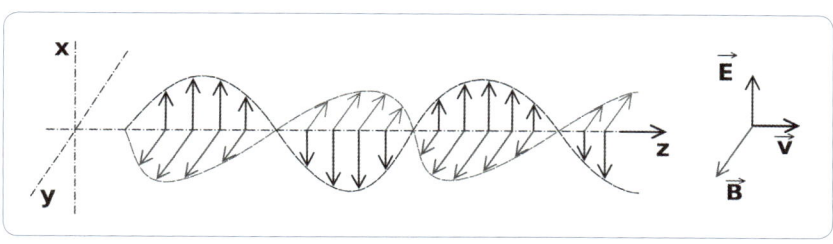

By SuperManu, Wikimedia

4가지 기억 전략

우리가 흔히 기억을 돕는 기억 전략이라고 하면 기억술들이 먼저 떠오를 것입니다.

- 기억해야 할 정보의 목록에서 각 항목의 첫 글자를 따서 새로운 낱말을 만들어 기억하는 **약어법**
- 가장 고전적이지만 가장 확실한 기억 전략인 **반복법**
- 비슷한 특징을 가지고 있는 것들을 함께 묶어서 분류하여 암기하는 **범주화**
- 머릿속에서 구체적인 사물의 형상이나 감각이 떠오르는 것을 그려서 기억하는 **심상법**
- 외워야 할 단어들의 첫 글자를 이용해서 단어나 문장을 만들어 기억하는 **머리글자 활용법**
- 친숙한 노래나 리듬을 이용해 기억하는 **노래법**

앞으로 이 책에서 함께 나눌 내용들은 기억술을 설명하는 데 초점을 맞추지 않습니다. 기억에 대한 기술적인 설명을 하는 대신 기억의 단계에 따라 어떤 원리가 숨어 있고, 어떤 전략들이 연결되는 지에 대해 나누고자 합니다. 기억을 돕는 여러 가지 전략들을 단계에 따라 집중하기, 이해하기, 요약하기, 반복하기 이렇게 4가지로 분류하여 소개[5]하고자 합니다.

각 단계에 대한 구체적인 설명에 앞서 이렇게 분류한 네 가지 전략들이 기억에서 중요한 이유는 다음과 같습니다.

● **집중하기** : 집중은 정보의 통로를 열어줍니다. 따라서 집중하지 않은 것은 기억되지 않습니다.

● **이해하기** : 정확한 이해는 기억을 더 쉽고 단단하게 만들어 줍니다.

● **요약하기** : 핵심 내용만 추려 놓으면 이해가 쉽고 기억의 부담도 줄일 수 있습니다.

● **반복하기** : 망각 현상을 막을 수 있는 최선의 방법은 반복입니다.

이제 보다 구체적으로 각 단계에 대한 이야기를 나눠보겠습니다.

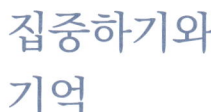

집중하기와
기억

기억을 돕는 네 가지 기본 전략 중에 첫 번째 단계는 집중하기입니다. 기억의 3단계 모델의 가장 첫 단계인 감각기억, 다시 말해 여러 가지 정보들이 감각기관을 통해 입력되기 시작할 때 가장 중요한 것이 바로 주의집중입니다.

데일 카네기는 '훌륭한 기억력을 지닌 사람들의 공통점은 사물을 주의 깊게 관찰하는 사람이며, 그것에 집중하고 훈련하는 사람이다. 어떤 사물에 대하여 열심히 알려고 할수록 그 사물은 더욱 잘 기억된다. 그것은 진리이다.'라고 말했습니다. 그만큼 집중은 기억에서 가장 중요한 시작 단계라고 할 수 있습니다.

간단한 활동을 통해 주의집중 소개하기

"얘들아, 선생님이 사진을 한 장 보여줄게."

아무런 추가 언급 없이 사진을 5초 정도 짧게 보여줍니다. 그 뒤에 조금 전에 본 사진에서 기억나는 것, 특징을 되도록 많이 적어보라고 합니다. 이번에는 다른 사진으로 같은 활동을 한 번 더 진행합니다. 대신 이번에는 보다 구체적인 지시를 해 줍니다.

> "얘들아, 이번에도 선생님이 사진을 한 장 보여줄 거야. 이번에도 조금 전에 했던 것처럼 사진에서 기억나는 것을 많이 적는 활동을 할 거야. 주의 깊게 사진을 살펴봐야 해"

첫 번째의 활동과 두 번째의 활동에서 다른 점은 무엇일까요? 그 차이가 무엇인지 느낌이 오시나요? 첫 번째 활동에서는 아무런 지시를 주지 않고 사진을 보여주었습니다. 두 번째 활동에서는 최대한 많은 것을 기억해달라고 구체적인 지시를 주고 사진을 보여 주었습니다. 두 활동에서의 학생들의 태도는 어떻게 달라졌을까요?

우리는 해야 할 행동이 주어졌을 때, 더 몰입하고 집중하게 됩니다. 그렇게 몰입하고 집중하는 것이 기억에도 영향을 미치게 됩니다.

주의집중과 기억에 관한 여러 가지 실험

기찻길과 학업 성취도

미국 코네티컷 뉴헤이번에 있는 한 초등학교 옆에는 기찻길이 있었습니다. 그런데 학교 건물의 한쪽 면은 기찻길을 향하고 있어서 그쪽 면에 있는 교실은 기차의 소음에 그대로 노출이 되었습니다. 반면 다른 교실은 소음에 영향을 거의 받지 않았습니다.

소음이 학생들의 성적에 영향을 미치지 않을까라는 의문을 가지고 이 두 집단을 대상으로 학습 수준을 검사했는데 심각한 차이가 나타났습니다. 학생들을 대상으로 한 연구에서 소음에 노출된 쪽에 있었던 학생들이 조용한 쪽에 있었던 학생들보다 무려 1년이나 학습 수준이 떨어지는 것으로 나왔습니다. 이 연구에 놀란 시 당국은 학교에 소음차단벽을 설치했고, 그러자 놀랍게도 두 학급의 실력 차는 현저하게 줄어들었습니다.

이 연구를 통해 소음이 학생들의 주의력을 흐트러뜨려서 학업을 방해했다는 결론을 유추해낼 수 있었습니다.

양분청취 실험

주의집중과 기억의 연관성을 설명하는 또 다른 실험이 있습니다. 바로 양분청취 실험이라는 것입니다. 양쪽에서 각각 다른 메시지가 들리도록 특수하게 제작된 이어폰을 끼고 실험자에게는 한쪽의 메시지만 따라 말하게 합니다. 그러면 대체로 주의를 기울이지 않는 다른 쪽에서 나오는 메시지의 주요 내용은 잘 알아차리지 못합니다. 이것을 선택적 주의라고 합니다.

그런데 다른 쪽에서 자신의 '이름'이 나오면 이야기가 달라집니다. 우리는 어떠한 소음 속에서도 자신의 '이름'을 잘 듣는 경향이 있습니다. 주의를 잘하는 사람이라면 자신의 이름이라고 할지라도 다른 쪽 메시지에서 들려오는 자신의 이름을 자각하지 못할 것입니다. 반면 주의력이 약한 사람이라면 자신의 이름을 자각할 가능성이 큽니다.

이 실험에서 말하는 것은 지금 하는 일에 집중하는 능력, 그리고 지금의 일과는 무관한 것을 무시하는 능력, 이 두 가지 능력이 다 필요하다는 것입니다.

연구 결과 작업기억(단기기억) 용량이 큰 학생들은 자신의 이름을 자각한 경우가 적었다고 합니다. 이처럼 주의는 기억에 영향을 주고 기억 또한 주의에 영향을 줍니다. 주의를 잘하려면 작업기억 용량을 늘릴 필요가 있는데 결론적으로 주의력을 키우는 가장 좋은 방법은 공부를 많이 하는 수밖에 없습니다. 따라서 주의는 후천적으로 길러질 수 있음을 의미합니다.

수동적 집중과 능동적 집중

By Julian Tysoe, Wikimedia

"사진 속의 아이들은 지금 집중을 하고 있는 걸까요? 아닐까요?"

집중력은 수동적 집중과 능동적 집중으로 나눌 수 있습니다. 컴퓨터 게임을 할 때의 모습을 생각해보시기 바랍니다. 게임에 몰입하고 집중하고는 있지만 이 집중은 반응적이고 수동적인 집중입니다. 그래서 이런 집중을 수동적 집중력이라고 합니다.

수동적 집중력은 새로운 것, 강한 것, 자극적인 것을 접할 때 본능적으로 발생하는 집중력을 의미합니다. 이렇게 강한 자극을 통해 수동적인 집중력을 계속 유지시키는 것이 게임입니다. 여기에 많이 노출되면 약하거나 밋밋한 자극에서는 집중력을 발휘하기 힘듭니다. 자극적이지 않으면 전혀 관심이 없어지기도 합니다. 학생들은 처음 접하는 것들에는 신기한 것들이 많기 때문에 새로운 교구나 장난감은 별다른 노력을 하지 않아도 주의를 집중시키기가 쉽습니다. 이때도 수동적 집중력이 발휘되는 것입니다.

능동적 집중력은 자신의 선택과 판단 등 의지에 의해서 집중하는 것으로 익숙하고 단조로운 것뿐만 아니라 어려운 것을 할 때 의도를 가지고 끌어내야 하는 집중력입니다. 수동적인 집중력에 길들여지면 즉각적이고 단기적인 만족은 있을지 몰라도 뭔가를 꾸준히 참고 조절해야 하는 일이 힘들게 됩니다. 성급하게 결과만 바라고 차분히 관찰해서 찾아내는 일이 어려워집니다.

어릴 때는 능동적 집중력을 발휘하기가 다소 힘이 듭니다. 따라서 공부를 하거나 무엇인가를 관찰하는 일을 할 때 칭찬 등을 통해 집중력을 끌고 갈 수 있도록 도와주어야 합니다. 함께 상호작용을 늘려가거나 자극이 없는 환경을 만들어주거나, 필요하다면 장소를 바꿔서 집중력을 유지할 수 있도록 도와 목표를 완성할 수 있도록 코칭해 주어야 합니다. 능동적 집중력은 단지 반응만 하는 것이 아니라 주의를 통제하고 조절하는 뇌가 활성화되어야 하고 뇌의 균형적 발달이 있을 때 생겨날 수 있기 때문입니다. 학생들은 수동적 집중뿐만 아니라 능동적 집중을 늘려가면서 전두엽 발달과 뇌의 균형을 만들어가게 됩니다.

팝콘 브레인

강렬한 자극에만 반응하는 뇌를 '팝콘 브레인'이라고 표현하기도 합니다. 강한 자극에 반응하는 뇌는 조절과 균형의 능력을 잃어갑니다. 요즘에는 주의를 자극하여 단기적으로 집중시키는 요인이 많습니다. 특히 디지털 기기에 익숙한 경우가 그렇습니다. 즉각적인 현상에만 반응하고 평범한 일상에는 반응하지 않고 흥미를 잃게 되기도 합니다.

스마트 기기를 활용한 학습과 종이 교재로 공부한 학습을 비교한 실험[6]이 있습니다. 종이 교재로 공부한 학생들보다 스마트 기기를 활용한 학생들이 학습 효과가 낮은 것으로 나타났습니다. 태블릿 PC를 활용한 학습에서는 흥분과 긴장 상태에 활성화되는 '하이베타파'가 집중력을 방해하는 데 비해 종이책을 사용할 때는 뇌세포 간의 연결이 풍성해지면서 전체적으로 균형 있게 활성화되었습니다.

스마트폰 중독에 빠진 학생의 경우 일반 학생들에 비해 시각적이고 청각적인 반응과 집중력이 오히려 두 배 가량 느리게 나타난다는 실험도 있습니다. 책을 읽을 때는 전두엽을 중심으로 뇌가 전체적으로 활발하게 활성화되지만 게임, 비디오를 볼 때는 시각적 정보를 담당하는 후두엽만 겨우 활성화된다는 것입니다. 지나친 게임과 영상물의 노출에 의한 집중은 뇌의 균형적인 활성화에 치명적입니다. 조용히 집중하고 있는 것 같지만 우리 학생들의 뇌는 중독이나 충동에 약한 뇌로 변해가고 있다는 사실을 알아야 합니다. 지금 이 시대에 우리가 만나는 학생들이 이런 상황이라는 것을 이해하는 것이 코치로서 매우 중요합니다.

이해하기와
기억

우리는 이해한 대로 기억한다

심리학자 카마이클(Carmichael)과 그의 동료들은 사람들에게 간단한 그림을 보여주고, 잠시 뒤에 똑같이 그려보게 하는 실험[7]을 했습니다.

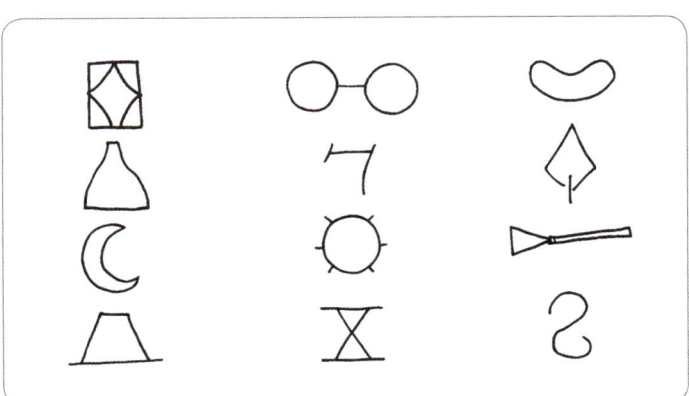

예를 들면 두 개의 동그라미를 선으로 이은 그림 같은 단순한 그림이었습니다. 그런데 어떤 그룹에는 이 그림을 '안경'이라고 설명을 해주고, 다른 그룹에는 '아령'이라고 말해주었습니다. 또 어떤 사람들에게는 정보를 주지도 않았습니다. 그 결과는 어떤 차이가 있었을까요?

실험 참여자들은 분명히 기억한 그대로 그리라는 지시를 받았지만 원래 그림과 조금씩 다르게 그렸습니다. '안경'이라는 설명을 들은 그룹의 참여자들은 동그라미를 이은 선을 둥글게 구부렸습니다. '아령'이라는 설명을 들은 참여자들은 동그라미 사이를 이은 선을 더 굵게 그렸습니다. 아무 정보도 받지 못한 참여자들도 제 나름대로 이해해서 안경이나 아령 어느 한 쪽에 더 가깝게 그리기도 했습니다. 안경과 아령에 대한 기존의 지식에 따라 그림에 대한 기억이 달라졌습니다.

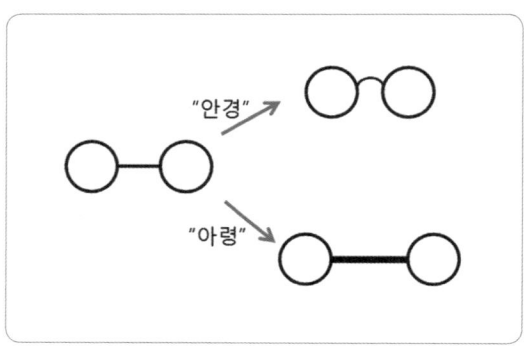

실제로 저의 반 학생들과 비슷한 실험을 진행해 보았을 때에도 대체로 비슷한 결과를 얻을 수 있었습니다.

지식의 연결 패턴은 새로운 정보를 단순히 오래 기억시키는 데만 그치지 않습니다. 아예 기억을 왜곡하고 바꾸기도 합니다. 기억은 기존에 저장되어 있는 원

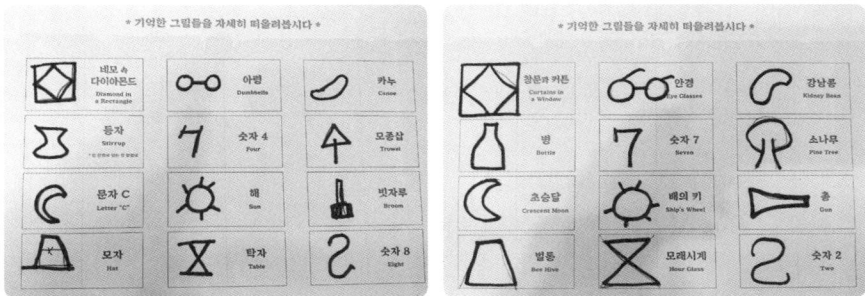

카마이클의 실험을 학생들과 비슷하게 진행해 보았을 때 나타난 결과입니다.
같은 그림을 보고도 설명에 따라 그림을 다르게 이해했을 경우에 전혀 다른 그림으로 기억하기도 합니다.

본을 꺼내오는 과정이 아니라 꺼낼 때마다 새로운 사본을 만들어낸다는 이야기가 있을 정도로 우리의 기억은 정확하지 못합니다. 따라서 기억의 단계에서 얼마나 정확하게 이해하고 있느냐가 매우 중요한 요소입니다.

왜 우리말 노래 가사가 기억하기 쉬울까?

한국 노래의 가사는 암기하기가 쉽습니다. 영어 노래의 가사는 어떤가요? 한국 노래의 가사보다는 암기하는 데 더 많은 시간과 노력을 들여야 합니다. 프랑스어나 독일어처럼 전혀 모르는 언어로 된 가사를 암기하기는 더욱 어렵습니다. 모르는 언어는 전혀 그 의미를 이해할 수 없기 때문입니다. 그래서 의미가 있는 것이 의미가 없는 것보다 기억하기 쉽습니다.

아이러니하게도 아는 게 많아야 암기도 더 잘 됩니다. 김정섭 부산대 교육학과 교수는 '이해는 기존에 알고 있는 지식과 새롭게 들어오는 지식이 통하는 과정'이라며 '관련된 지식이 없는 상태에서 새로운 지식을 처리하는 일은 매우 어렵기 때

문에 기억하기도 힘들어지는 것'이라고 말했습니다.[8]

수업 시간에 열심히 참여를 한 학생은 그렇지 않은 학생보다 암기를 할 때 유리합니다. 익숙한 지식이기 때문입니다. 수업시간에 집중해야 하는 이유가 바로 여기에 있는 것입니다.

이해를 돕는 다양한 방법

이해를 돕기 위한 여러 가지 방법을 소개하면 다음과 같습니다.

- **핵심어 찾기** : SQ4R 읽기 전략을 활용하여 핵심어를 찾도록 연습합니다.
- **노트 필기** : 배운 개념을 노트에 자기 언어로 요약하고 정리하도록 돕습니다.
- **말로 설명하기** : 또래 가르치기, 직소 모형 등의 다양한 구조를 활용하여 말로 직접 설명해볼 수 있도록 합니다.
- **이미지로 요약하기** : 마인드맵, 비주얼씽킹 등을 활용하여 학습한 내용을 이미지로 표현하도록 합니다.
- **쪽지시험** : 시험에 대한 부담을 주지 않는 선에서 자주 시험을 보면서 배운 내용을 인출하도록 하는 것이 매우 효과적입니다. 연습문제 풀이, 오답노트 등을 정리해보도록 하는 것도 좋습니다.
- **스토리텔링** : 개념에 대한 배경, 역사적 사실들을 안내하여 인출 단서들을 다양하고 풍부하게 만들어줍니다.

코칭 시 점검할 내용

학생들을 만나 배운 내용들을 얼마나 이해했는지 코칭할 때 도움이 될 만한 몇 가지 질문들을 소개합니다.

- 이해가 되었는지 스스로 점검해보았나요?
- 내용을 다 보고 난 후 이해가 된 느낌인가요?
- 내용을 자기 말로 설명할 수 있나요?
- 핵심 단어를 찾을 수 있나요?
- 예를 들어서 설명할 수 있나요?

요약하기와
기억

간식을 준비했어요

이 책을 읽고 있는 독자 여러분을 위해 간식을 가져왔습니다. 한 바구니 가득 가져온 상큼한 과일과 채소들입니다. 잠깐 머리를 식히시면서 어떤 것들을 가져왔는지 천천히 읽어보세요.

> 바나나, 귤, 파인애플, 오렌지, 블루베리, 딸기, 토마토, 대추

머릿속으로 생각만 해도 기분이 좋아지는 간식입니다. 그런데 생각해보니 이 중에 반은 저희 가족이 먹으려고 사온 거라 반만 나눠드려야 할 것 같습니다.

> 귤, 바나나, 오렌지, 토마토

> 딸기, 대추, 파인애플, 블루베리

제가 임의로 이렇게 분류를 해 보았습니다. 가만히 읽어보면서 어떤 기준으로 분류를 했는지 떠올려보시기 바랍니다. 답을 아시겠나요? 정답은 글자 수가 홀수인 것과 짝수인 것으로 나누어 보았습니다. 왼쪽에는 한 글자짜리 귤 1개와 세 글자짜리 바나나, 오렌지, 토마토 3개를 오른쪽에는 두 글자짜리 딸기, 대추 2개와 네 글자짜리 파인애플, 블루베리 2개를 나누었습니다.

한 번 더 해볼까요? 이번에는 어떤 기준으로 간식을 나누었는지 다시 살펴보시기 바랍니다.

> 딸기, 대추, 토마토, 블루베리   귤, 바나나, 오렌지, 파인애플

쉽게 답이 떠오르시나요? 제가 만든 기준은 껍질을 까서 먹는 것과 까서 먹지 않는 것으로 나눈 것입니다. 다시 한 번 분류한 간식들을 살펴보시기 바랍니다. 저의 기준에 동의가 되시나요?

이사를 마치고

개인적인 이야기를 하나 해 드리겠습니다. 얼마 전에 이사를 하며 일어난 일입니다. 이사한 당일, 이삿짐 정리가 어느 정도 마무리 되어갈 무렵이었습니다. 저녁 식사를 위해 음식 준비를 하고 있는데 고춧가루가 필요했습니다. 짐을 풀면서 제가 고춧가루를 어디에 두었는지 분명히 알고 있었습니다. 그곳은 바로 부엌 옆에 있는 작은 창고였습니다.

창고 문을 열었습니다. 창고에는 가득 쌓인 이삿짐으로 가득했고 채 정리되지

못한 온갖 잡동사니들이 뒤섞여 있었습니다. 일단 눈에 보이는 짐들을 정리해 가며 고춧가루를 찾아보았습니다. 머릿속으로는 다음과 같은 말을 계속 되뇌고 있었습니다.

'분명히 창고 안에 넣어두었는데! 검정 봉지에 들어 있는 고춧가루!'

그러나 결국 고춧가루를 찾아내지 못했습니다. 창고에 있는 것도 알고, 검정 봉지에 들어있는 것도 알았지만 어디에 두었는지 정확히 알지 못했기 때문입니다. 며칠이 지나 창고를 정리하다가 고춧가루를 찾아냈습니다.

기억도 이와 마찬가지입니다. 머릿속에 저장된 여러 정보들을 보다 쉽게 인출하기 위해서는 머릿속에 저장된 정보들이 정교하게 구조화가 되어 있어야 합니다. 다시 말해 우리가 더 잘 기억하기 위해서는 정보들을 핵심적인 부분만 정리하여 요약해 놓아야 이해하기도 쉽고 기억의 부담도 줄일 수 있습니다.

잘 조직된 자료는 더 수월하게 배우고 기억할 수 있습니다(Katona, 1940). 또한 정보를 묶음(chunk)들로 조직, 분류하고 집단으로 만들 때 학습이 강화됩니다(Miller, 1956). 학습될 사항이 조직되지 않은 상황에서도 종종 학습 자료를 조직하며 이러한 행동이 기억을 돕는다는 것을 보여주고 있기도 합니다(Klatzky, 1980).

조직된 학습 자료는 학습 사항들을 체계적으로 연결하기 때문에 기억력을 향상시킵니다. 다양한 연구들을 통해 잘 조직된 정보가 기억에 좋은 영향을 미친다고 할 수 있는 것입니다.

요약의 기술

우리의 기억은 정보들을 동일하게, 이를테면 사진기나 녹음기처럼 자동적으로 받아들이지 않습니다. 우리는 매 순간 접하는 다양한 정보들을 선별하여 그중 일부만 받아들입니다. 좋은 기억력은 배워야 하는 내용을 잘 정리하고, 복잡한 것들은 잘 걸러내고, 새로운 정보를 분석하고 그것을 이미 알고 있는 지식과 연결시키는 작업에서 비롯됩니다.

내용을 요약하기 위한 다양한 기술들 중에 **분류, 연결, 시각화**에 대하여 이야기를 나누어 보도록 하겠습니다.

분류 : 논리를 찾아라

우리에게 친근한 범주를 따라 정보를 분류하는 것은 기억의 원칙 중 하나입니다. 학습해야 할 정보들을 위계질서를 부여하여 구조화하는 것도 재생을 돕는 데 아주 효과적인 방법 중 하나입니다. 기억해야 할 정보의 수를 제한하여 정보를 다시 분류하고 좀 더 중요한 단위 혹은 집합들로 다시 정리해 줍니다.

전화번호를 기억할 때에는 통째로 외우는 것 보다 몇 개 숫자씩 끊어서 외우는 것이면 더욱 쉽습니다. 간단한 정리와 재조합을 통해서 숫자에 깃들어 있는 논리를 간파하여 더 쉽게 외울 수도 있습니다. 외워야 할 정보들을 그것이 속한 범주에 따라 구분해 보는 방법도 있습니다. 쇼핑해야 할 물품 목록을 들러야 할 가게 순서대로 정리한다면 사야 할 품목들을 빠뜨리지 않고 쇼핑을 할 수 있게 됩니다.

연결 : 관계를 지어라

연상은 자연스러운 심리적 과정입니다. 이는 곧 사건, 감정, 단어, 이미지, 소리, 관념 등을 서로 연결하는 것입니다. 평소에는 별다른 주의를 기울이지 않고도 자연스럽게 어떤 것을 보면서 다른 것을 연상하거나 서로 다른 두 가지를 비슷하다고 생각하기도 합니다. 하지만 언뜻 보아서 아무 내적 관계도 없어 보이는 정보들을 접하면서, 혹은 기존의 앎과 아무 상관도 없는 듯한 정보들을 접하면서 그 정보들을 기억해야 할 때에는 의지적으로 연결을 지어야만 합니다.

새로운 지식은 주로 이미 뇌에 저장되어 있는 정보와 연결됩니다. 낱말의 의미나 지식에 대한 기억에는 이미 대단히 복잡한 관계의 망이 형성되어 있습니다. 산책을 하다가 어떤 꽃을 알아볼 수 있다면 그것은 예전에 그 꽃을 접한 경험이 있거나, 적어도 그것이 꽃이라는 점은 이미 알고 있었기 때문입니다.

연상은 정보를 기억으로 정리하는 데 유용한 수단입니다. 연상은 새로운 정보를 이미 잘 저장되어 있는 기존 정보와 연결하는 데 목적이 있습니다. 그리고 그 효과를 극대화하려면 연상이 개인적인 것이어야 합니다. 내가 먹어본 음식, 내가 가본 바닷가, 내가 본 영화처럼 개인적인 것일수록 새로운 정보를 연결시키는 것이 인출해 올 때 훨씬 효과적입니다.

시각화 : 이미지를 만들어라

현관문을 잠그고 나왔는지 알려면 집에서 나오기 직전의 상황을 마음속에 떠올려 보아야 합니다. 안경이 어디 있는지 찾으려면 안경을 두었다고 생각되는 방의 이미지를 마음속으로 그려보는 것이 도움이 됩니다. 이처럼 마음속의 이미지는 어떤 정보를 찾을 때는 물론, 학습할 때에도 중대한 역할을 합니다.

간단한 실험을 한 번 해보겠습니다. 어떤 낱말을 기억하려고 할 때 단순히 그 낱말들을 반복할 때보다는 어떤 심리적 이미지를 상상하면서 외우려고 할 때 기억력의 효과는 증가합니다. 만약에 '고양이'라는 낱말을 기억한다고 해 봅시다.

고양이

우리의 대뇌는 좌반구와 우반구가 서로 협력합니다. 언어 영역은 좌반구가 지배적, 우반구는 보완적으로 역할을 한다면, 공간 영역은 우반구가 지배적, 좌반구는 보완적으로 역할을 합니다.

이중부호화이론에 따르면, 학습자의 작동기억에서 언어정보와 시각정보는 서로 다른 과정을 거쳐 처리되는데, 이에 따라 각각 다른 표상을 가지게 됩니다. 언어 정보는 시각적 정보를 회상시킬 수 있고, 시각 정보는 언어 정보를 불러일으킬 수 있습니다(Mayer and Valerie K. Sims, 1994). 즉, 독립적인 두 채널을 통해 정보를 처리하면서 서로 다르게 부호화된 정보들 중 한 가지만 떠올린다 하더라도 다른 한 가지의 정보를 쉽게 떠올릴 수 있는 것입니다. 따라서 언어 정보와 시각 정보를 별도로 제시하는 것보다 함께 제시하는 것이 더 효과적입니다.

고양이라는 텍스트는 언어적 단서만 제공하게 되고 고양이 이미지는 언어적, 공간적 단서를 모두 제공합니다. 따라서 단순한 텍스트보다는 이미지가 기억에 있어서 보다 효과적이라고 할 수 있습니다.

반복하기와
기억

반복의 진실

단언컨대 반복은 궁극적인 공부 방법입니다. 책이든 강의든 그 어디서든 접할 수 있는 수많은 공부법들은 대부분 '어떻게 반복할까'에 대한 나름의 요령들이라고 할 수 있습니다. 우리가 아는 모든 공부 방법을 모아보면 그 뒤에 숨어 있는 '반복'이라는 공통된 원칙이 확실히 보입니다. 반복이야말로 모든 공부법들이 등 뒤로 숨긴 단 한 가지 궁극의 비결입니다.

왜 반복일까?

반복의 중요성은 생물학적으로도 설명할 수 있습니다. 우리의 뉴런에는 뉴런을 둘러 감싸고 있는 미엘린이라는 조직이 있습니다. 이는 마치 전선의 피복과 같아서 뇌신경의 신경 신호 누수를 방지하고 신호 전달 속도를 수십 배 증폭하는 역할을 합니다.

무엇인가를 잘한다는 것은 미엘린이 두꺼워졌다는 뜻입니다. 미엘린으로 감싸지지 않는 신경세포의 신경 전달 속도는 시속 몇 km에 불과한 것에 비하여 미엘린으로 감싸진 신경 세포의 신경 전달 속도는 시속 약 3백여km 정도로 빨라진다고 합니다.

미엘린은 정확한 자극을 반복할 때 두꺼워집니다. 요약해보면 우리 뇌는 반복해야 잘 할 수 있도록 되어 있다는 것입니다. 그래서 무조건 반복하는 것이 공부를 잘 할 수 있는 답이 될 수 있습니다.[9]

기억곡선

독일의 심리학자 에빙하우스(Hermann Ebbinghaus)는 「기억에 관하여(1885)」라는 저서를 통해 기억과 망각에 대한 재미있는 실험 결과를 소개하였습니다. 에빙하우스는 자신이 실험 대상자가 되어 세 자음-모음-자음의 조합으로 이루어진 무의미한 낱말들을 학습하였습니다. 그 후 일정한 시간이 지난 후에 망각한 낱말들을 재학습하는 데 걸리는 시간을 측정하였습니다.

$$\text{기억률(\%)} = \left(\frac{\text{첫번째 학습에 소요된 시간} - \text{복습에 소요된 시간}}{\text{첫번째 학습에 소요된 시간}} \right) \times 100$$

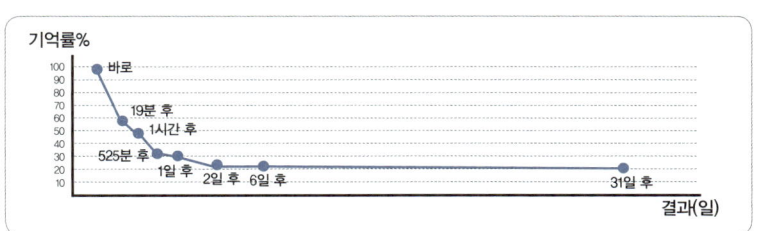

61

이 실험에서 흥미로운 일이 일어났습니다. 복습을 할수록 망각 곡선의 기울기가 완만해지더니, 나중에는 거의 기울어지지 않는 망각 곡선이 그려진 것입니다. 복습을 거듭할수록 잊어버리는 정도는 덜해지고, 결국 거의 잊어버리지 않는 장기 기억이 된다는 것입니다.

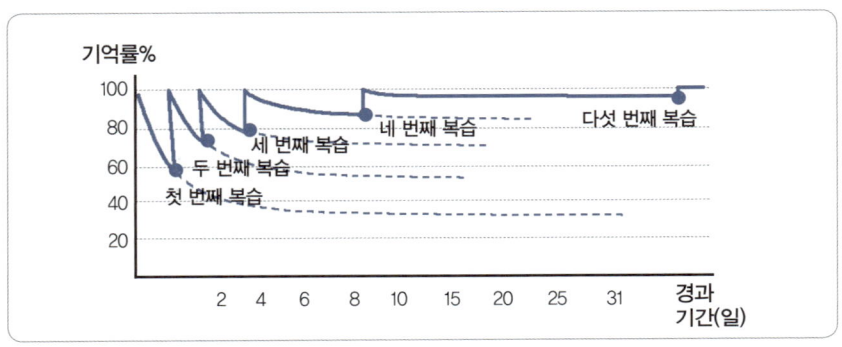

이 내용들을 요약하면 다음과 같습니다.

- 기억 곡선이 시사하는 바는 명확하다.
- 한 번 공부하면 잊어버린다. 하지만 두 번, 세 번 반복해서 공부하면 점차 덜 잊어버리고, 언젠가는 완전히 기억하는 상태에 도달한다.
- 무언가를 머릿속에 완전히 넣고 싶다면 반복이 답이다.
- 학습을 끝낸 순간부터 바로 망각이 시작된다.
- 망각은 예외가 없는 현상이다.
- 공부를 잘하고 암기를 잘하는 사람의 머릿속에서도 망각은 일어난다.
- 잊지 않기 위해 반복이라는 노력이 필요하다.

기억과 복습 주기

에빙하우스의 연구를 바탕으로 망각 주기를 이용한 복습 주기도 같이 연구되었습니다. 복습 효과를 극대화하기 위해서는 복습 주기에 따라 재학습을 하는 것이 중요합니다. 코치는 학생들이 학습 주기에 따라 적절하게 복습할 수 있도록 안내해 주는 것이 필요합니다.

복습 단계	복습 주기	복습 효과
최초 복습	10분 뒤	1일 동안 기억
두 번째 복습	24시간(1일) 뒤	1주일 동안 기억
세 번째 복습	1주일 뒤	1개월 동안 기억
네 번째 복습	1개월 뒤	6개월 이상 장기 기억

분산 반복 학습

분산 반복 학습을 하면 학습이 더 잘 이루어집니다. 세 시간 연이어 공부하는 것보다 한 시간씩 세 번에 나누어 공부하는 것이 더 효과적이라는 뜻입니다. 분산 반복 학습은 학습 속도를 빠르게 할 뿐 아니라 망각 속도를 늦추는 효과도 있습니다. 분산 반복의 기간이 더 길어질수록 망각은 더뎌집니다.

하루에 많은 시간을 들여 벼락치기로 한꺼번에 외우는 것은 지극히 비효율적입니다. 그보다는 시험 몇 주 전부터 조금씩 나누어 외우는 것이 훨씬 더 수월하게, 오래 기억할 수 있는 방법입니다.

오래 기억하려면 나누어 공부해라

같은 내용을 반복적으로 공부하면 늘 같은 내용이 반복적으로 저장되는 것일까요? 반복 학습을 하면 결국 같은 공부를 하는 것이니 기억 속의 단서도 계속 반복적으로 저장되는 것에 불과하다고 생각할지도 모릅니다. 하지만 사람은 똑같은 상태로 계속 머물러 있지 않기 때문에 들어오는 정보는 같다 해도 공부하는 상황과 환경에 따라 기억의 단서가 달라집니다. 같은 것을 학습하더라도 책상에서 외울 수도 있고 화장실에서 외울 수도 있으며 버스 안에서 단어장을 들여다보며 외울 수도 있습니다. 그러면 점점 부호화할 기회가 많이 생깁니다.

시간이 지나면 나의 심리적 상태나 물리적 환경이 달라지기 때문에 같거나 비슷한 정보라고 해도 새로운 연결 고리가 만들어질 기회가 많아지는 것입니다. 동일하거나 비슷한 정보라고 해도 맥락이 달라짐으로써 연결 고리가 그만큼 많아진다고 볼 수 있습니다. 기억의 단서가 많아지면 기억 인출이 쉬워집니다. 즉 낚아야 할 물고기 하나에 낚싯대가 여러 개인 셈입니다. 전문가들은 이것을 '정보의 재구성'이라 합니다. 같은 정보지만 다시 보면 또 다르게 재구성 되는 것입니다.

뇌의 집중도를 높일 수 있다

처음 새로운 것을 접했을 때는 주의력과 집중력이 높습니다. 낯선 것에 뇌가 긴장하기 때문입니다. 하지만 사람의 뇌는 집중하는 데 한계가 있습니다. 오랜 시간 동안 같은 정보를 보고 있으면 뇌가 그것에 익숙해져서 집중력이 점점 떨어집니다. 열 시간을 공부한다고 해도 그 시간 내내 뇌가 집중할 수는 없습니다. 계속 비슷한 정보를 처리하게 되면 뇌는 긴장이 떨어져서 결국 정보들을 듬성듬성 처리합니다. 이미 아는 것이기 때문에 주의 집중을 덜 하게 됩니다. 하지만 시간

간격을 두고 정보를 처리하면 그런 위험이 줄어듭니다. 공부하는 사람의 상태나 물리적 환경이 바뀌므로 뇌가 긴장하기 때문입니다.

효율적으로 선택하고 집중할 수 있다

예를 들어 20개의 영어 단어를 외운다고 생각해 보기 바랍니다. 처음 20개를 외울 때는 30분이 걸립니다. 물론 점차 시간이 지나면서 외운 것을 잊게 됩니다. 하지만 완전히 잊는 것은 아닙니다. 같은 영어 단어를 두 번째 외울 때, 아직 기억하고 있는 것도 있고 완전히 잊어버린 것도 있습니다. 두 번째 반복 학습에서는 완전히 잊어버린 단어를 위주로 공부하고 아직 기억하는 단어는 한 번 훑어보는 정도로 합니다. 반복 학습은 일률적으로 모든 내용을 처음부터 끝까지 다 보는 단순 반복이 아닙니다. 따라서 첫 번째 학습에서 30분이 걸렸다면 두 번째 학습 때는 그보다 짧은 시간이 걸립니다.

기억 전략을 짤 수 있다

20개의 영어 단어를 암기한 뒤 나중에 보면 기억나는 것도 있고 기억나지 않는 것도 있습니다. 그 차이는 무엇일까요? 기억나는 단어에는 무언가 이유가 있습니다. 이전에 알고 있던 단어와 비슷해서 연결이 잘 되었거나 어떤 식으로든 부호화가 돼 저장이 잘된 것입니다. 반면에 단어가 기억나지 않는다는 것은 그 단어를 밖으로 꺼내기 위한 단서가 부족했다는 뜻입니다.

여러 번 외워도 좀처럼 외워지지 않는 단어가 있기 마련입니다. 그럴 때는 다른 방식으로 잊은 단어에 접근해 볼 필요가 있습니다. 앞서 말한 여러 전략 중 적합한 부호화 방법을 사용할 수 있습니다. 반복 학습은 처음 공부한 방식을 그대로 되풀이하는 것이 아니라 여러 전략을 사용해 잊어버린 단어를 끌어낼 수 있는 단서를 만드는 것입니다. 반복 학습을 통해 잊어버린 것이 무엇인지를 알고 더 잘 기억하는 방법을 찾으면 좀 더 효율적으로 학습할 수 있습니다.

반복하기에 대한 오해

반복하기에도 전략이 필요하다

심리학자 글렌버그(Glenberg)와 그의 동료들은 사람들에게 여러 단어를 정해진 시간 동안 되뇌게 했습니다. 만약 되뇌는 것이 기억에 도움에 된다면 사람들은 오래 되뇐 단어를 잘 기억하고 잠깐 되뇐 단어는 잘 기억하지 못 할 것이라고 추측했습니다. 하지만 실험 결과 다른 단어보다 9배나 오래 되뇐 단어도 기억에는 별 차이가 없었습니다.

2008년에 있었던 연구에서 한 그룹 학생들에게 교재를 한 번 읽게 했고 다른 그룹의 학생들에게는 교재를 연속해서 두 번 읽게 했습니다. 그리고 읽자마자 바로 시험을 봤더니 두 번 읽었던 그룹의 성적이 조금 높았습니다. 하지만 몇 시간이 지나서 다시 시험을 보자 두 집단의 성적은 별 차이가 없었습니다. 어떤 집단이든 연속적인 반복 읽기는 단기기억에는 효과가 있을지 모르지만 장기기억에 거의 도움 되지 않는다는 사실이 밝혀졌습니다.[10]

응고화가 중요하다

기억해야 할 정보를 눈으로 보고 있는 동안에는 기억되었다고 착각을 합니다. 이것을 착지현상(Illusion of knowing) 이라고 합니다. 착지(錯知)를 막기 위해서는 반드시 '암송'을 해야 합니다.

정보가 장기기억에 저장되는 것은 작업기억과 다른 원리를 따릅니다. 뇌는 서로 연결된 수많은 신경세포들로 이루어져 있습니다. 지식은 이 신경세포들의 연결 패턴을 통해 저장됩니다. 새로운 지식을 습득하면 신경세포의 연결 패턴이 바뀌는데 이 변화 과정을 응고화(consolidation)라고 합니다.

응고화에는 많은 시간이 걸립니다. 세포 수준의 변화는 짧으면 몇 분, 길어도 몇 시간 내에 상당히 이뤄지지만, 더 넓은 범위의 변화는 길면 몇 년까지도 걸립니다. 새로운 정보를 빨리 장기기억에 저장할 수 있으면 좋겠지만, 뇌의 생물학적 특성상 그렇게 되는 것은 쉽지 않습니다.

단어들을 공부하면 신경세포들의 연결 패턴이 천천히 변하면서 응고화가 이뤄집니다. 이 때 다른 공부나 또는 머리 쓰는 일을 하면 응고화가 방해를 받게 됩니다. 그래서 앞서 공부한 단어들에 대한 기억이 훼손됩니다. 이렇게 뒤이은 학습이 앞선 학습한 지식의 기억을 손상시키는 것을 후행 간섭이라 합니다. 공부한 내용이나 방법에 따라 다르지만, 보통 공부한 뒤 10분에서 1시간 정도 쉬어야 기억이 충분히 굳어져서 이런 간섭이 일어나지 않습니다. 연속으로 연습하면 단기기억이 주로 일을 하게 되면서 내용을 완전히 숙지한 듯 보이지만 실제로 장기기억으로 많이 가지 않게 됩니다. 그래서 전문가들은 보통 하루 정도의 간격을 두고 공부할 때 매우 효과적이라고 말합니다.[11]

반복, 기억 그리고 휴식

단어 테스트에서 주로 기억되는 단어들은 목록의 시작 몇 개(초두효과), 마지막 몇 개(최신효과), 반복해서 등장하는 단어들, 눈에 띄는 단어들입니다. 학습의 중간 시점에서 나타나는 회상능력 저하 문제를 해결하려면 학습 시간을 효과적인 시간 단위로 나누어 학습해야 합니다. 일반적으로 10분과 50분 사이, 또는 30분이 가장 효과적인 학습 단위임이 입증되었습니다.

기억력은 휴식을 취하는 동안에 즉시 떨어지기 시작하는 것이 아니라 오히려 상승합니다. 이것은 학습 동안 정보를 받아들이는 작업이 끝나면 우리의 두뇌는 무의식적으로 정보를 분류하는 작업을 하기 때문입니다. 휴식을 취하고 나면 그러지 않았을 때보다 훨씬 안정된 상태에서 공부할 수 있게 되고 그렇게 되면 회상력과 이해력 둘 다 더욱 쉽게 제 기능을 발휘할 수 있습니다.

기억력을 한층 강화하고 향상시키기 위해서는 각 학습기간의 처음과 마지막에 재빨리 예습과 복습을 해 주어야 합니다.

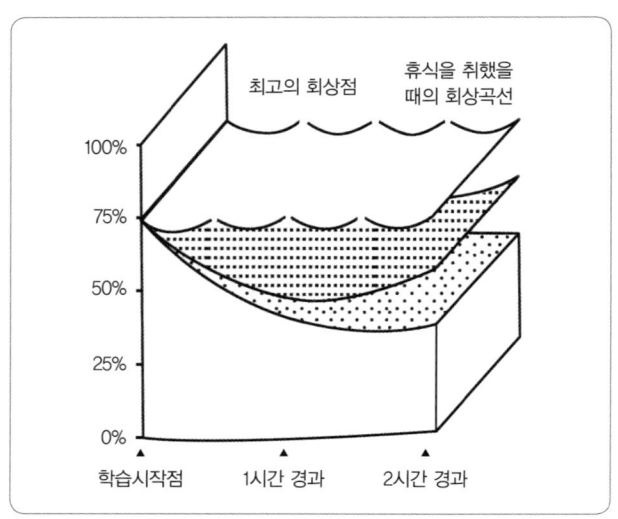

※ 출처: 토니 부잔(1989), 마인드 맵 기억법, 평범사.

- 수업 시간 초반에 자신의 노트로 복습 주기에 따라 복습하는 시간을 줍니다.
- 복습을 완료하면 복습 주기에 체크하도록 합니다.
- 수업 마무리 때에도 자신의 노트로 그날 배운 내용을 복습할 시간을 줍니다.

지금까지의 이야기들을 종합해보면 공부에 대한 진실이자 희망을 두 가지 발견할 수 있습니다.

첫째, 아무리 공부를 잘하는 사람도 반복하지 않고 머리에 넣을 수는 없다는 것,

둘째, 아무리 공부에 자신감이 없는 사람도 알 때까지 반복하기만 한다면 결국 잘하게 된다는 것입니다.

학습유형과 기억

기억술은 학습 유형에 따라서도 선호도에 차이가 있습니다. 기억술의 도움을 가장 많이 받는 학습 유형은 세모형과 동그라미형 학생들입니다. 왜냐하면 이들 유형에 시각형 학생들이 많기 때문입니다.

세모형은 기억술을 골고루 사용하는 편입니다. 그러나 체계적인 정리를 잘 해야 효과를 발휘할 수 있으므로 기억술 이전에 읽기와 필기 전략을 익혀야 합니다. 다만 자기의 생각이 강하기 때문에 적절한 동기부여가 코칭의 중요한 전략이 될 수 있습니다.

동그라미형도 대체로 기억술을 다양하게 활용할 수 있습니다. 다만 이해력을

뒷받침할 수 있는 읽기 전략과 사고력 연습을 함께 기억 전략에 응용하도록 해야 합니다.

네모형은 기억술을 많이 사용하지 않는 편입니다. 주로 체계화된 노트에 응용할 수 있는 트리다이어그램, 약어법, 약문법, 청킹(묶어서 기억하기)을 선호하는 편입니다.

별형은 신체적 움직임과 오감을 이용한 기억술을 선호하고 도표나 언어에 리듬을 덧붙인 기억술을 좋아합니다. 그러나 이들은 체계적인 정리가 부족해 암기한 것을 활용하는 데 어려움이 있을 수 있습니다. 그러므로 학습 내용을 정리하는 연습을 좀 더 보강한 후 기억술을 응용하도록 돕습니다.

학습 유형	선호하는 기억술
네모형	약어법, 약문법, 청킹
세모형	전반적인 기억술 적용
동그라미형	이해력을 기본으로 노트에 적용한 약어, 약문, 반복 암기
별형	오감을 이용한 기억술, 리듬을 이용한 노래 기억법, 맵핑 자료에 의한 암기

제 **9** 장

시간에 재미, 의미, 깊이를 채우다, 시간관리

시간관리에 대한 마음 세우기

시간의 가치, 시간을 생각하다

시간관리의 필요성을 인식하도록 돕는 활동

시간관리 전략의 영역 이해하기

목표 달성표 작성을 통한 중·단기 목표 세우기

우선순위에 따른 시간 계획 세우기

시간관리의 꽃, 주간 계획 세우기

시간관리의 열매, 습관 세우기

숙고와 복기의 시간, 피드백

학습 유형에 따라 피드백도 다르게

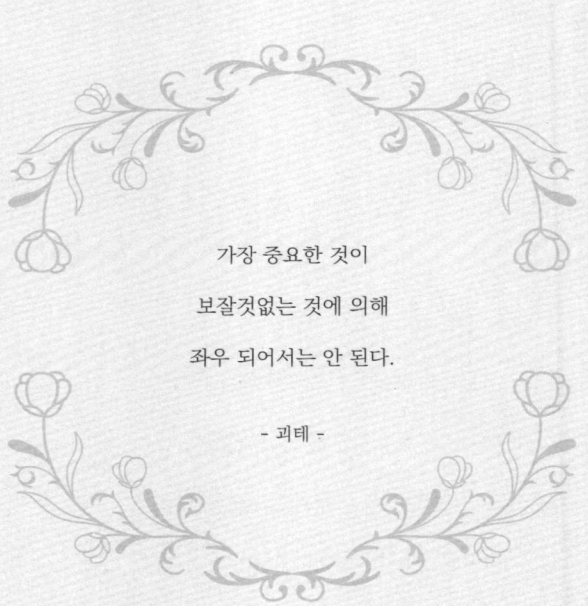

가장 중요한 것이
보잘것없는 것에 의해
좌우 되어서는 안 된다.

- 괴테 -

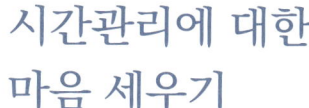

시간관리에 대한
마음 세우기

앞서 제시한 다양한 공부 전략을 통해 공부하는 방법을 익혔다면 이제는 공부 습관을 세우고 주어진 시간을 잘 사용하여 그 전략의 꽃을 피우는 것이 필요합니다. 그런데 학생들이 가장 어려워하는 단계가 바로 시간관리입니다. 왜냐하면 시간관리는 습관과 연결되어 있기 때문입니다.

시간을 잘 관리하고 싶어 하지만 마음만으로는 생각대로 잘 되지 않는 경우도 있습니다. 자기에게 주어진 과제를 제한된 시간 안에 해내려면 구체적인 시간관리 전략을 몸으로 익혀 체화시키는 과정이 필요합니다. 시간관리에 대해 배운다는 것은 살아가는 데 필요한 소중한 지혜를 배우는 것과 같은 가치가 있습니다.

첫 마음을 지속하는 것

누구나 한 번 쯤은 새해를 준비하며 새로운 마음으로 다이어리를 사 본 적이 있

을 겁니다. 한껏 기대를 품고 다이어리 맨 앞에 있는 연간 계획을 깨알같이 쓰고
는 얼마 못 가 다이어리를 쓰지 않게 됩니다. 왜 이렇게 끝까지 사용하는 게 잘 안
될까요? 그런데 더 놀라운 것은 끝까지 써 본 적이 없음에도 불구하고 또 다시 연
말이 되면 새해 다이어리를 산다는 것입니다. 그리고서 또 1년이 지나면 이 다이
어리는 책장 어느 한 켠에 꽂혀 있게 됩니다. 사람들은 왜 해마다 다이어리를 사
는 걸까요? 그 이유는 첫 마음, 기대를 가지고 무엇인가를 잘 시작하고 싶은 희망
과 바람이 있기 때문이 아닐까요? 그런데 그 첫 마음을 지속하지 못하기 때문에
쓰다가 멈추게 된다고 생각합니다.

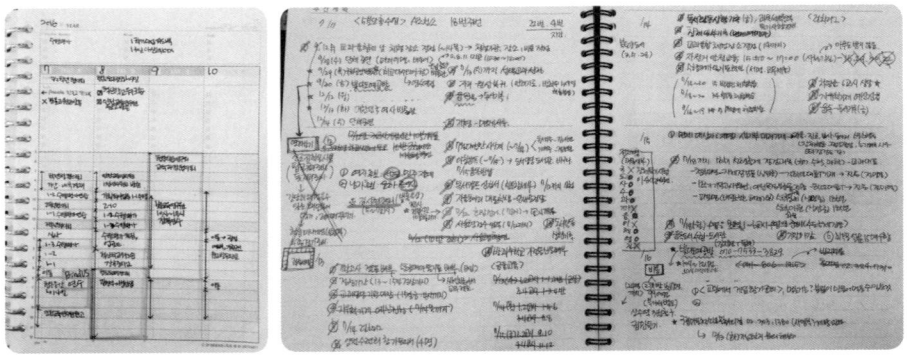

보통 '시간관리'라고 하면 그림에서 보는 것과 같은 촘촘한 계획표 또는 매일
해야 할 일을 빼곡히 적은 업무 다이어리를 흔히 떠올리게 됩니다. '계획을 잘 세
워서 해야 할 일을 잊지 않고 잘 해내는 것'은 정말 중요합니다. 그런데 학생들에
게 먼저 생각해 보게 할 것은 시간을 관리해야 하는 이유와 목적, 시간관리를 지
속하는 동기, 시간에 대한 가치와 소중함입니다.

〈하마터면 열심히 살 뻔 했다〉라는 하완 작가님의 에세이를 본 적이 있습니다.

이유도 없이 어디를 향해 달려가는지도 모르고 무작정 달려가는 현대인을 향해 '왜 달리는지, 어디로 달려가고 있는지' 잠시 멈춰 서서 생각해보게 하는 책이었습니다. 구체적인 시간관리 전략을 시작하기에 앞서 먼저 학생들에게 '내 삶에서 시간이 갖는 가치가 뭐지?', '시간관리를 왜 해야 해?', '시간관리를 하면 무엇이 좋지?'등과 같은 질문에 스스로 답할 기회를 제공함으로써 시간관리에 대한 마음을 세우는 것이 중요합니다. 아무리 "시간관리가 필요하다.", "시간관리를 해야 한다."고 말해도 스스로 해야 할 이유가 설명되지 않으면 지속하기 힘들기 때문입니다.

시간의 가치,
시간을 생각하다

시간관리를 잘하기 위해 꼭 생각해보아야 할 주제는 바로 '시간의 가치'에 관한 것입니다. 시간관리는 학습코칭에 있어서 가장 실제적인 부분입니다. 학습 동기를 세우고 많은 구체적인 전략을 익혔다면 이제 우리의 시간 안에서 이 전략들을 구체적으로 실천하는 것이 남습니다. 우리에게 주어진 제한된 시간을 어떻게 관리하고 사용하느냐가 학습의 열매를 가져오기 때문입니다.

시간관리는 학생들이 생각하는 시간의 가치에 대한 이해와 인식에서 출발합니다. 학생들로 하여금 시간관리의 필요성만큼이나 시간의 가치를 스스로 인식하도록 돕는 것이 중요합니다. 그래서 먼저 학생들이 시간을 어떻게 생각하는지 들어보는 것에서 출발하려고 합니다. 과연 우리가 생각하는 만큼 학생들은 시간을 가치 있고 소중하게 여기는지 학생들 눈높이에서 이해할 필요가 있습니다. 학생들이 이해하고 있는 시간의 속성, 가치에 관한 생각을 읽어보는 활동을 소개하고자 합니다.

'시간은 ○○이다' 활동

이 활동은 비유카드를 활용하여 시간에 대해 나는 어떻게 생각하는지 알아보는 활동입니다. 활동 방법은 다음과 같습니다.

먼저 비유카드를 그림이 보이도록 펼칩니다. 시간을 무엇에 비유하고 싶은지 생각해 본 다음, 각자 카드 두 장을 선택하여 자기 앞에 둡니다. 나머지 카드는 정리하여 카드 상자에 넣어 둡니다. 모둠 내에서 한 사람을 시작으로 시계방향으로 돌아가며 자신이 선택한 카드를 내놓으면서 "나는 시간을 ○○○라고 생각해. 왜냐하면 ○○○라고 생각하기 때문이야."라고 말합니다. 돌아가며 모두 발표를 마치면 두 장의 카드 중 모둠 친구들의 추천을 받은 카드 한 장을 골라 활동지에 기록합니다. 모둠에서 꼭 나누고 싶은 한 명의 친구 활동지를 선택하여 교사에게 제출합니다. 교사는 각 모둠에서 제출한 것을 가지고 퀴즈 활동을 합니다. 예를 들어, "수연이는 시간을 달팽이에 비유했어. 왜 그렇게 생각하는지 이유를 맞혀볼래?"라고 질문하고 학생들은 맞히는 활동을 하다 보면 시간에 대한 친구들의 다양한 생각을 공유하게 되고 들은 내용을 가지고 시간의 속성이나 가치에 대한 공통점을 찾아볼 수 있습니다. 함께 찾은 공통점을 활동지에 기록하고 활동 후 소감도 기록합니다. 다음은 학생들이 시간을 비유한 사례입니다.

- 시간은 바람이다. 잡을 수 없기 때문이다.

- 시간은 달팽이이다. 느리게 가는 것 같지만 이 순간을 지나가 있기 때문이다.

- 시간은 피아노이다. 피아노가 다양한 음정을 내듯이 시간도 시간마다 다른 일을 하고, 시간도 피아노 연주처럼 아름답게 흘러가기 때문이다.

- 시간은 물이다. 왜냐하면 시간도 흐르고 물도 흐르기 때문이다.

- 시간은 친구이다. 왜냐하면 시간은 우리가 살아가면서 없을 수 없는 친구이기 때문이다. 그리고 친구가 영원할 수 없는 것처럼 시간도 영원할 수 없기 때문이다.

학생들이 시간에 대해 어떻게 생각하는지 조금은 가벼운 마음으로 생각해볼 수 있는 활동입니다. 시간의 속성에 대해 다시금 상기시키며 시간의 가치와 소중함을 생각해보게 했습니다. 시간이 중요하다는 사실에 동의하지 않는 사람은 없을 겁니다. 그렇다면 이것을 어떻게 끌어낼 것인가가 문제입니다. 유명한 명언 같은 것으로 시간의 중요함을 주입하기보다는 학생들의 생각과 언어를 통해서 귀납적으로 끌어내는 것이 좋습니다.

이 활동은 초등학생들도 쉽고 재미있게 시간에 대해 표현해 볼 수 있습니다. 그림 카드가 없다면 주변의 사물을 활용해도 좋습니다. 비주얼씽킹을 활용해도 좋고 다양한 예시를 보여주어 학생들의 생각을 열어주는 것도 필요합니다.

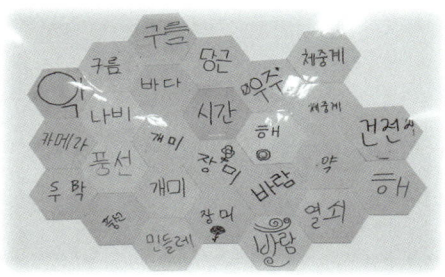

이 활동을 전체 활동으로 할 수도 있습니다. 각자 시간을 무엇에 비유했는지 허니컴보드에 써서 칠판에 붙이고 학생들과 퀴즈 활동을 해도 좋습니다. 먼저 각자 시간을 무엇에 비유했는지 허니컴보드나 붙임 쪽지에 써서 칠판에 붙입니다. 같은 단어가 나오면 이어서 붙이면 됩니다. 단어 중 하나를 선택하여 이를 쓴 학생의 생각을 친구들이 퀴즈처럼 맞혀봅니다. 같은 '바람'을 선택했더라도 선택한 이유가 다를 수 있으므로 친구들의 다양한 생각을 공유할 수 있습니다. 예를 들어, "바람처럼 눈에 안 보이지만 존재한다. 바람처럼 잡을 수 없다, 부는 방향이 있다"처럼 말입니다. 돌아가며 학급 친구들이 시간에 대해 어떻게 생각하는지 들어본 다음 이 비유들의 공통점을 찾아봅니다.

이 활동과 연결하여 '시간에 대한 나만의 명언 만들기'를 자율 과제로 제시하고 다음 시간에 각자 생각해온 명언을 적은 다음 이를 학급 친구들과 공유합니다. 가장 멋진 최고의 명언을 찾아보고 함께 읽어보는 것으로 마무리해도 좋습니다. 학생들이 생각해 본 명언은 다음과 같습니다.

- 우리는 흐르는 물 위의 사공이다.
- 사소한 시간조차도 나에게 큰 영향을 미친다.
- 시간을 잡을 것인가, 흘려보낼 것인가
- 시간은 계속 걸어간다. 그것을 멈추지는 못하지만, 같이 걸어갈 수는 있다.

'10분 안에 다(多) 함' 활동

시간의 가치를 생각하는 두 번째 활동으로 '10분 안에 다함' 활동을 소개합니다. 활동명에서 알 수 있듯이 '다(多)함'의 의미는 이중적입니다. '10분 안에 다함'이라는 의미가 10분 안에 '다한다(끝낸다)'는 의미도 있고, 10분 안에 할 수 있는 일이 '많다(多)'는 의미도 포함되어 있습니다.

이 활동은 10분 안에 할 수 있는 일의 목록, 즉 그 일들을 모두 하는데 걸리는 시간의 합이 10분을 넘지 않는 일의 목록을 구체적으로 기록해봄으로써 작은 시간의 소중함을 느낄 수 있는 활동입니다. 활동 방법은 다음과 같습니다.

모둠원들이 의견을 나누면서 10분 안에 할 수 있는 일의 목록과 소요되는 시간을 적습니다. 시간의 합이 10분을 넘지 않도록 하고 10분 안에 활동을 마칩니다. 교사는 시간을 주기적으로 알려주어 학생들이 10분 안에 활동을 마무리하도록 안내합니다. 다음은 학생들의 활동 결과물 입니다.

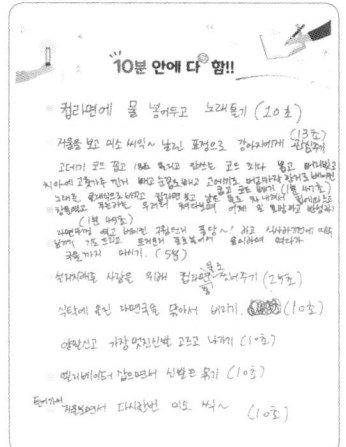
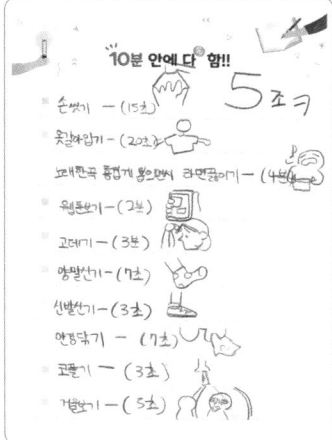

어떤 모둠에서는 컵라면을 끓여서 먹고 치우는 과정 동안 할 수 있는 일의 목록을 이야기하듯 쓴 모둠도 있고, 어떤 모둠은 일의 목록과 함께 그 일을 그림으로 간단하게 표현하는 모둠도 있습니다. 어떤 모둠에서는 친구들에게 사과하기와 같은 따뜻한 내용이 나오기도 했습니다.

공익광고 중에 '세상을 아름답게 하는 시간, 1분'이라는 인상적인 광고가 있었습니다. 내용은 이렇습니다.

신문 대신 던져주는 시간 6초
어르신과 함께 횡단보도 건너는 시간 23초
후배에게 커피 타주는 시간 27초
버스 벨 대신 눌러주는 시간 4초
세상을 아름답게 하는 데,
하루 1분이면 충분합니다.

이 광고처럼 사소하게 주변 사람들을 웃음 짓게 만들 수 있는 일은 많습니다. 안경 대신 닦아주기, 생수병 대신 따 주기, 우산 씌워 주기, 장갑 양보하기 등 모두 4초 정도면 할 수 있는 일입니다. 이처럼 우리에게 주어진 시간을 어떻게 사용하느냐에 따라 그 가치가 달라질 수 있습니다. 이 공익광고 영상을 활용하여 '10분 안에 다(多) 함' 활동을 더 의미 있게 적용해보았습니다. 다음에 소개하는 '학교를 아름답게 하는 10분' 활동이 그것입니다.

'학교를 아름답게 하는 10분' 활동

'학교를 아름답게 하는 10분' 활동은 먼저 공익광고 '세상을 아름답게 하는 시간, 1분'을 보여주고 모둠별로 우리 학교를 아름답게 할 수 있는 다양한 일들을 찾아서 적되, 그 모든 일을 하는 데 걸리는 시간의 합이 10분을 넘지 않는 일의 목록을 10분 안에 적게 합니다. 교사가 다양한 예를 들어 주면 생각을 확장하는 데 도움이 됩니다. 모둠별로 작성한 다음 모둠별로 작성한 활동지를 돌아가며 읽고 '당장 실천할 수 있는 멋진 의견'에 칭찬스티커를 붙여줍니다.

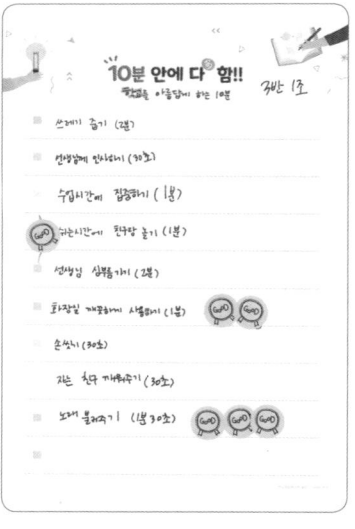

학생들이 생각해 낸 학교를 아름답게 하기 위해 할 수 있는 일들에는 다음과 같은 예들이 있습니다.

- 아픈 친구 보건실에 데려다주기 3분

- 맛있는 거 나눠 주기 20초

- 떨어진 물건 주워 주기 10초

- 쉬는 시간에 친구랑 놀아주기 3분

- 칠판지우기 1분

학생들은 '10분 안에 다함' 활동을 통해 "10분이라는 짧은 시간 안에도 많은 일을 할 수 있다는 사실을 알게 되었다.", "자투리 시간의 중요성을 알고 자투리 시간이 주어지면 할 수 있는 일의 목록을 생각해 두어야겠다." 등의 소감을 나눠주었습니다. 이 외에도 '모두가 행복한 수업을 만드는 시간 10분', '가족을 행복하게 하는 시간 10분', '아름다운 학급을 만드는 시간 10분' 등으로 활용해도 좋습니다.

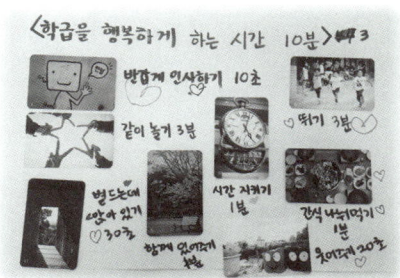
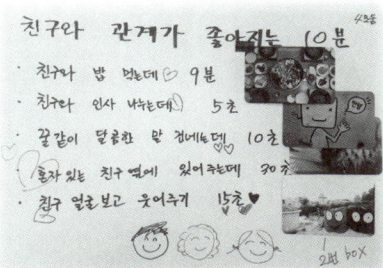

'5분(10분) 동안 할 수 있는 일' 활동

작은 시간, 자투리 시간의 소중함을 알아보는 활동으로 '10분 안에 다함 활동' 외에 '5분(또는 10분) 동안 할 수 있는 일' 활동도 소개합니다. 5분 정도 시간이 걸리는 일의 목록을 한 줄에 한 가지씩 쓰도록 합니다. 예를 들어, 엄마 심부름, 유튜브 감상, 음악 1곡 듣기 등 각각의 일을 하는데 5분이 넘지 않습니다. 일정한 시간이 흐른 다음 모둠 안에서 돌아가며 자신이 기록한 내용을 공유합니다. 자투리 시간에 할 수 있는 공부 목록을 적어보는 활동으로 연결해도 좋습니다.

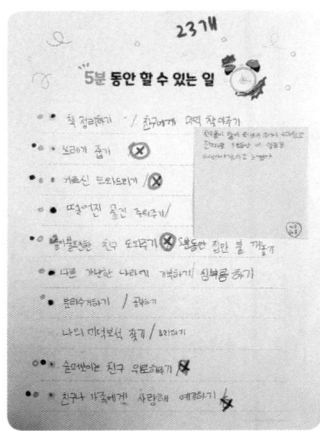

학생들이 적은 5분 동안 할 수 있는 일들 예시로는 쓰레기 줍기, 어르신 도와드리기, 떨어진 물건 주워 주기, 몸이 불편한 친구 도와주기, 5분 동안 집안 불끄기, 분리수거 하기, 슬퍼 보이는 친구 위로해주기, 친구가 연 문을 대신 닫기, 사촌 동생과 놀아주기, 첫날 친구 자리 찾아주기, 전학생 반겨 주기, 아파트 주민이 짐 때문에 힘들어 할 때 공동 현관 비밀번호 대신 눌러주기, 친구 대신 우유 들어주기 등이 있었습니다.

어떤 학생은 '게임을 할 때나 밥 먹을 때나 특히 약속이 있을 때 준비하는 시간에는 너무나 빨리 지나가 손조차 쓰지 못했던 시간이었는데 이 활동을 하면서 5분 안에 얼마나 많은 의미 있는 일들을 할 수 있는지 알게 되었고, 역시 무엇이든 사람이 보는 관점에 따라 다른 것 같다.'라고 소감을 밝히기도 했습니다.

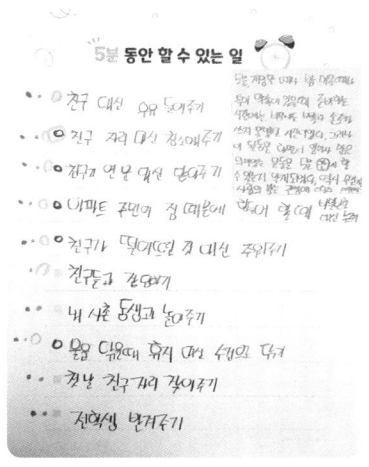

독일의 문학가 괴테는 "30분을 티끌과 같은 시간이라 하지 않고 그 시간에 티끌과 같은 일을 하는 사람이 현명하다."라고 하였습니다. 아주 작은 시간을 가벼이 여기지 않고 아주 작은 일이라도 하는 것이 낫다는 말입니다. 학생들이 가볍게 여기는 작은 시간에 할 수 있는 일들이 얼마나 많은지 생각해봄으로써 시간의 가치를 이해하는 데 도움이 될 수 있습니다.

시간이 언제나 당신을 기다리고 있다고 생각하면 오산이다.

천천히 걸어도 언젠가 목적지에 도달할 것이라는 생각은 너무 안이하다.

하루하루 최선을 다하지 않고는 그날의 보람이 없을 것이며,

최후의 목표에 결코 도달할 수도 없다.

- 괴테 -

시간관리의 필요성을
인식하도록 돕는 활동

앞서 시간의 가치에 대해 생각해보는 활동을 통해 시간관리의 마음을 세웠다면 이번에는 시간관리의 필요성을 인식할 수 있도록 돕는 활동을 소개하려고 합니다. 이 활동을 통해 학생들이 스스로 시간관리를 해야 할 이유를 찾고 시간관리에 대한 마음을 세울 수 있습니다. 먼저 첫 번째 활동을 소개하겠습니다.

'168만원이 입금되었습니다' 활동

칠판에 '168'이라는 숫자를 쓰고 학생들에게 이 숫자가 무엇을 말하는지 맞춰보라고 했습니다. 어떤 학생은 '선생님의 키'냐고도 말하고 또 다른 학생은 '선생님의 아이큐'냐고도 했습니다. 학생들이 궁금해 할 즈음, 168뒤에 "만원"이라고 쓰고 다음 활동을 진행했습니다. 이 활동은 시간관리 전략을 들어가는 첫 시간, 즉 수업 주제가 시간이라는 것을 눈치 채기 전에 하면 좋은 활동입니다. 이 활동은 갑자기 생긴 168만원을 어떻게 사용할 것인지에 대한 구체적인 가계부를 기록해 보는 것입니다.

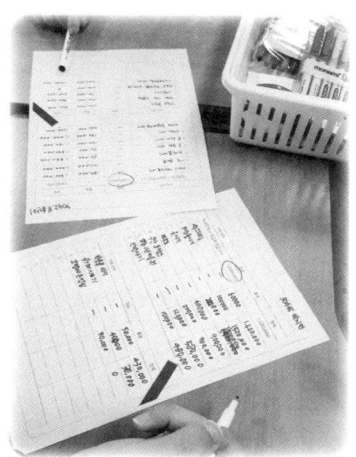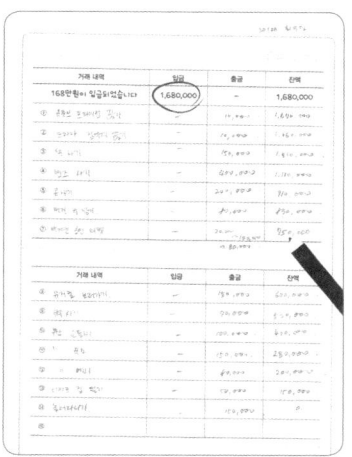

학생들에게 다음과 같은 미션을 제시합니다.

"애들아, 오늘 너희들 통장에 168만원이 입금되었다고 생각해 봐. 168만원으로 무엇을 할 수 있을지 생각해보고 사용 계획을 지금부터 활동지에 적는 거야. 구체적인 사용처를 조목조목 쓰고 얼마의 돈이 들지 적어보고 잔액도 계산해보자. 주어진 시간은 10분!!! 단, 지출항목은 10개 이상 꼭 적어야 해. 10분이 지나면 남는 돈은 모두 사라진단다."

이 활동을 할 때 다음 사항에 유의하도록 합니다. 학생들은 별생각 없이 주식 투자, 은행 예금, 로또 구매처럼 한 번에 사용하면 안 되는지 질문합니다. '주식투자'와 같은 항목으로 한 번에 사용하지 않도록 하고, 어떻게 하면 세부적으로 지출 계획을 세울지 적는 것이 이 활동의 목적이라고 다시 한 번 강조합니다. 그러면 학생들은 갑자기 생긴 돈을 가지고 어떻게 쓸지 고민하면서 구체적으로 기록하기 시작합니다.

이때 선생님들의 평가가 들어가지 않도록 합니다. '이런 데다 돈을 왜 쓰냐', '좋은 데다 좀 써 봐라', '요즘 기부하는 문화 좋은데 기부하는 거 어때?' 등과 같이 교사의 평가와 판단이 들어가는 피드백은 오히려 학생들의 마음을 닫게 합니다.

그리고 지출 항목을 계획성 있게 세부적으로 늘어놓는 활동이므로 항목의 개수, 시간을 제한하는 조건을 두는 것이 좋으며, 이미 지출한 항목은 수정이 안 된다고 안내합니다. 볼펜이나 사인펜으로 쓰게 하면 좋습니다. 쓰다 보면 나중에 시간이 부족하니까 급하게 부모님 용돈 얼마, 기부금 얼마 …이렇게 쓰는 경우도 생깁니다.

활동 후에는 다음과 같은 질문을 통해 자신의 생각을 자유롭게 나눠볼 수 있게 합니다. 예를 들어 무엇을 하는데 가장 많은 지출을 했는지, 꼭 필요한 지출이었는지, 가치 있다고 생각되는 지출은 무엇이었는지, 마지막에 1분이 남았을 때 남은 돈을 꼭 쓰고 싶은 항목이 있는지, 있다면 그 이유는 무엇인지 등에 대해 나눠 봅니다.

학생들의 활동 과정을 관찰해보면 아주 구체적으로 가격까지 검색해가면서 가계부를 쓰는 학생이 있는가 하면, 돈의 규모는 생각하지 않고 사고 싶은 목록 위주로 적는 학생도 있었습니다. 또 친구들이나 가족들과 함께 무엇인가를 하는데 돈을 사용하는 학생이 있는 반면 부산에 혼자 여행하기, 영화 종일 보기처럼 혼자 무엇인가를 하고 싶어 하는 학생들도 있었습니다.

이렇게 적고 나서 모둠 친구들과 서로 나누다 보면 각자가 가진 관심과 성향에 따라 돈을 지출하는 항목과 씀씀이가 다르다는 것을 발견하게 됩니다. 그리고 처음에는 168만원이라는 큰돈이 주어지니 어떻게 써야 할지 몰라 생각나는 대로 마구 쓰다가 정말 꼭 필요한 것이 생각났을 때 사지 못할 수도 있음을 깨닫기도 합니다. 꼭 필요한 곳, 가치 있는 곳에 돈을 잘 사용하려면 계획과 관리가 필요하다는 것을 활동을 통해 자연스럽게 몸으로 익힐 수 있었습니다.

'숨은 시간을 찾아서' 활동

두 번째로 '168만원이 입금되었습니다' 활동과 연결해서 하면 좋은 '숨은 시간을 찾아서' 활동을 소개합니다.

미국의 경영학자 피터 드러커는 "시간을 관리하고자 한다면 먼저 시간을 기록하라"고 말합니다. 가계부를 쓰다 보면 내가 어디에 지출을 많이 하는지, 중요한 지출 항목이 무엇인지, 어디에서 돈이 새고 있는지 알 수 있듯이 자신이 사용한 시간을 가계부 적듯 기록해보면 주어진 시간을 어떻게 사용하고 있는지 구체적으로 볼 수 있습니다.

'숨은 시간을 찾아서' 활동은 지난 한 주간 주어진 168시간을 어떻게 사용했는지 있는 그대로 구체적으로 기록해봄으로써 자신의 시간 사용을 성찰하는 활동입니다. 내가 버리고 있는 시간은 없는지, 더 잘 사용할 수 있는 시간은 얼마나 되는지 스스로 확인할 수 있게 합니다.

활동 방법은 이렇습니다. 이제 168만원의 '만원'을 지우고 '시간'이라고 씁니다. [활동지 1]은 우리가 흔히 보는 주간 계획표 양식입니다. 여기에 자신이 지난 한 주 동안 무엇을, 얼마만큼의 시간을 사용하며 보냈는지 기록합니다. 예시에서 보

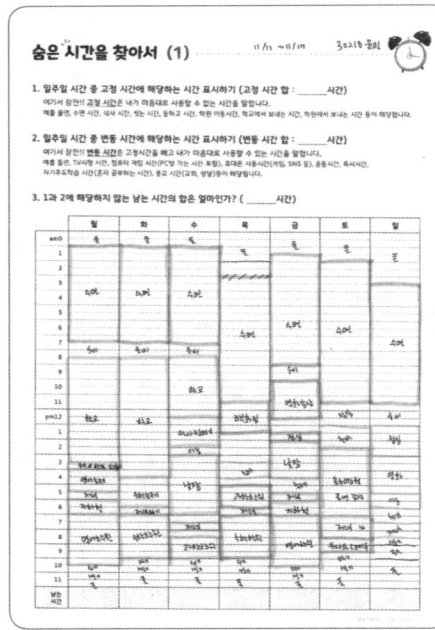

[활동지 1] 활동 사례

[활동지 2] 활동 사례

는 것처럼 잠자고 식사하는 시간, 등교 준비하는 시간, 학교나 학원에서 수업을 듣는 시간, 인터넷 강의를 듣는 시간, 이동 시간, 친구들과 PC방 간 시간, TV 본 시간, 핸드폰 한 시간, 숙제나 공부한 시간 등 가능한 한 구체적으로 적습니다. 이렇게 기록하고 나면 [활동지 1]에 기록한 것을 바탕으로 [활동지 2]를 작성합니다. 각각의 '고정 시간'과 '변동 시간'에 해당하는 항목별로 시간을 계산합니다. 이때, '고정 시간'은 내가 마음대로 사용할 수 없는 시간으로, 수면시간, 식사시간, 등·하교 시간, 학교에서 보낸 시간, 학원 수업, 인터넷 강의 듣는 시간 등이 해당합니다. 반면 '변동 시간'은 내가 계획한대로 사용할 수 있는 시간으로, '가용 시간'이라고도 말합니다. 변동 시간에 해당하는 것은 TV시청, 핸드폰, 운동, 친구들과 영화

본 시간, 공부한 시간 등이 해당합니다. 학원에서 수업을 듣는 시간은 고정 시간이지만 학원가기 전에 숙제하는 시간은 변동 시간이라고 볼 수 있습니다.

[활동지 2]에 항목별 고정 시간과 변동 시간을 기록하고 계산을 한 다음, 168시간 중 고정 시간과 변동 시간을 빼고 남는 시간도 계산합니다. [활동지 1]을 하지 않고 [활동지 2]만 바로 작성할 때보다 오히려 [활동지 1]을 하고 나서 [활동지 2]를 작성하니 시간 계산이 훨씬 수월했습니다. 시간 계산을 돕기 위한 팁을 소개하자면, 시간을 기록할 때 2시간 30분으로 기록하지 않고 2.5로 기록하도록 했습니다. 다시 말해 1시간을 1로, 30분을 0.5로 계산하게 했습니다. 그렇다면 1시간 40분은 어떤 수로 적으면 될까요? 1시간 40분은 2시간 보다는 1시간 30분에 가깝기 때문에 1.5로 기록하도록 안내했고 3시간 50분은 4시간에 가깝기 때문에 4로 기록하게 했습니다. 이렇게 몇 개의 예를 더 들어준 다음 시간을 기록하고 시간의 합을 구하게 했더니 시간 계산이 훨씬 수월했습니다. 정확한 시간을 계산하려는 게 목적이 아니라 어느 항목에 얼마만큼의 시간을 소요하고 있는지 대략적인 값을 알아보는 것이 필요하기 때문에 시간 계산에 지나친 에너지 소모를 하지 않는 것이 좋습니다.

개인적으로 활동지 작성을 마치고 나면 시간 사용을 돌아보는 성찰 질문에 대해 스스로 답해보며 자신의 시간 사용을 분석해볼 수 있습니다. 이렇게 스스로 성찰하는 시간을 가지는 것도 의미가 있습니다. 더 효과적인 피드백은 동료들과 성찰 질문에 답하면서 서로 피드백 하는 시간을 가지는 것입니다. 성찰 질문의 예로는 다음과 같은 것들이 있습니다.

- 자신의 시간 사용을 돌아보며 잘한 부분, 부족했던 부분, 낭비했다고 생각되는 부분과 그렇게 생각한 이유는 무엇인가?
- 나의 생활패턴과 자주 보이는 시간 사용 습관은 무엇인가?
- 지난주에 하지 못한 중요한 일이 있다면 무엇인가?
- 다음 한 주를 계획한다면 꼭 해야 할 일은 무엇인가?
- 요일별로 내가 계획하여 활용할 수 있는 가용 시간은 얼마나 되는가?
- 가용 시간 중에서 공부 시간으로 확보할 수 있는 목표 시간은 얼마나 되는가?

　　성찰 질문을 활용한 모둠 활동에 관한 팁을 하나 소개하자면, 성찰 질문 카드를 활용하는 것입니다. 성찰 질문 카드는 카드 앞면에 성찰 질문을 적은 카드인데 질문 개수만큼 카드를 제작합니다. 활동지 작성을 마친 후 각자에게 성찰 질문지를 나눠주고 질문에 대해 생각하는 시간을 가진 다음 모둠별로 성찰 질문 카드를 나눠 줍니다. 질문 카드를 잘 섞은 다음 돌아가며 무작위로 질문 하나를 선택하고 선택된 질문지의 질문에 답하는 방식으로 진행하면 좋습니다. 중복된 질문이 나와도 상관없습니다. 이렇게 2번 정도 돌아가며 나누다 보면 서로의 이야기를 들으면서 자연스럽게 자신의 시간 사용을 돌아볼 수 있습니다.

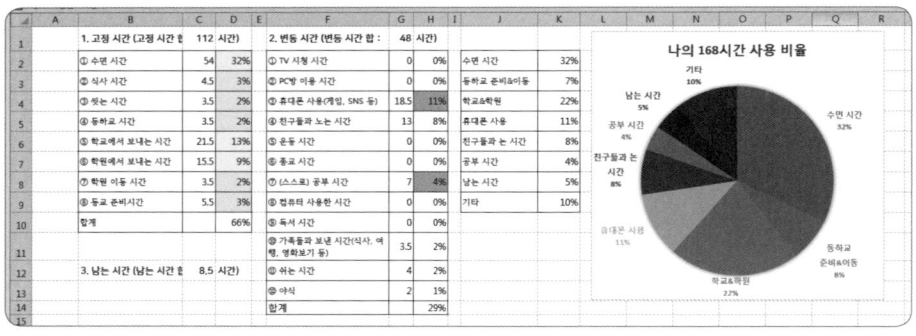

엑셀을 활용한 168시간 사용 분석 사례

　나의 168시간 사용을 분석하는 데 있어 활용할 만한 팁을 하나 더 소개하려고 합니다. 엑셀 프로그램을 활용하는 것입니다. 각 항목별 시간 데이터를 엑셀 프로그램에 입력하면 항목별로 비율을 구할 수도 있고, 이렇게 구한 비율을 가지고 그래프를 그려보면 어떤 영역에 시간을 많이 사용하는지 시각적으로 확연하게 알 수 있습니다. 위의 활동 사례를 예로 들자면, 수면시간에 32%, 등·하교 준비 및 이동, 학교, 학원에서 보내는 시간에 약 30%의 시간을 소요하였고, 휴대폰과 친구들과 노는데 약 20%의 시간을 사용했습니다. 이 결과를 보며 해당 학생은 학원 숙제를 하는 시간 외에 스스로 공부를 한 시간이 너무 적다는 것, 핸드폰 사용 시간이 생각보다 많다는 사실을 객관적으로 확인할 수 있었다는 소감을 밝혔습니다. 교사는 학생들의 활동지와 소감을 참고하여 필요한 경우 개별 피드백을 해 줄 수도 있고, 다음 차시에 공통 사항에 대해 종합적으로 피드백해 줄 수도 있습니다.

　많은 학생이 자신이 계획하여 활용할 수 있는 시간이 생각보다 많다는 사실을 발견하게 됩니다. 돈을 어디에 사용해야 하는지 고민하지 않으면 나도 모르게 주머니가 비는 것처럼 시간도 어디에 어떻게 사용해야 하는지 고민하지 않으면 나도 모르게 그냥 흘러가 버린다는 사실을 깨닫게 됩니다. 이렇게 시간을 기록해보면 내가 시간을 어떻게 사용하고 있는지 한눈에 볼 수 있고 나의 시간 사용 패턴이나 습관도 살펴볼 수 있습니다. 어떤 영역에 내 시간을 가장 많이 사용하는지도 확인할 수 있습니다. 늘 시간이 부족한 줄 알았는데 낭비하는 시간이 꽤 많다는 것을 볼 수 있었고, 생각보다 게임 시간이나 SNS를 하는 시간이 많아 정작 중요한 것을 못 했음을 확인하게 되는 기회도 됩니다. 또한 내가 쓸 수 있는 가용 시간을 계산해보면서 주어진 시간의 한계를 인식할 수도 있습니다. 무엇보다 자신이 의미 없이 보낸 시간을 돌아보고, 내가 사용할 수 있는 시간이 얼마나 되는지 생각해보면서 제한된 시간을 잘 사용하려면 시간관리가 필요하다는 것을 인식하는 좋은 기회가 됩니다. 숨은 시간, 잃어버린 시간을 찾을 수 있습니다.

시간관리가 주는 유익함

그렇다면, 시간관리를 잘하면 어떤 점이 좋을까요?

- 주어진 시간에 자기 할 일을 끝낼 수 있고 장기적으로는 자신이 목표로 하는 것을 달성할 수 있게 됩니다.

- 우선순위를 잘 정해 일하기 때문에 일을 일관성 있고 질서 정연하게 처리해 나갈 수 있습니다.

- 목표와 계획을 잘 세울 수 있기 때문에 시간과 물질, 자신의 에너지를 함부로 낭비하지 않습니다.

- 일하는 시간과 쉬는 시간을 균형 있게 구성함으로써 적당한 긴장감을 유지하며 삶을 유연하게 운영할 수 있습니다.

- 무엇보다 시간에 쫓기지 않고 시간의 주인이 되는 삶을 살 수 있습니다.

- 서두름과 분주함을 예방하고 스트레스가 막아주어 건강한 삶을 살게 합니다.

- 시간관리를 효과적으로 하면 시간 때문에 발생하는 스트레스가 대부분 해결 됩니다.

- 시간관리로 생긴 여유 시간은 사색, 독서, 운동 뿐 아니라 다른 사람과의 관계를 돈독히 하는 데 사용할 수 있습니다.

시간은 '부족'의 문제가 아니라 '관리'의 문제다!

- 피터 드러커 -

　시간은 누구에게나 공평하게 주어진 것입니다. 피터 드러커의 말처럼 시간은 '부족'의 문제가 아니라 '관리'의 문제입니다. 어떻게 관리하느냐가 중요합니다. 훌륭한 시간관리 능력은 똑같은 재능과 능력을 지닌 사람들 가운데서 자신을 차별화하는 중요한 요소가 됩니다. 시간관리의 중요성을 깨닫고 올바른 시간관리 방법을 배우는 것이 필요합니다.

시간관리 전략의
영역 이해하기

 이번 절에서는 시간관리에 실패하는 다양한 요인을 살펴보고 각각의 문제를 해결할 시간관리 전략의 영역에 대한 전체적인 그림을 그려보고자 합니다.

 다음 그림들이 나타내는 공통점은 무엇일까요?

독서, 공부, 여행, 다이어트, 운동. 바로 매번 실패하면서도 다시 세우는 새해 계획입니다. 올 한해도 시작할 때 다짐했던 목표가 있었을 것입니다. 몇 년 전 한 매체에서 빅 데이터를 기반으로 한국인의 새해 다짐 1~5위[12]를 조사한 적이 있습니다. 1위가 무엇이었을까요? 바로 독서였습니다. 우리나라 성인 독서량이 일 년 동안 4.6권(2019)이라는 통계도 있습니다. 일본 40권, 미국 12권, 프랑스 20권, 이스라엘 유대인 60권에 비하면 현저히 떨어지는 독서량입니다. 지독히도 책을 읽지 않는 나라에서 새해 다짐 1위가 독서라는 것을 보면 하지 못하거나 안 하는 것에 대한 반작용으로 나타나는 욕구가 아닐까하는 생각이 들었습니다. 2위는 운동입니다. 헬스장의 가장 최대 성수기는 바로 1월이라고 합니다. 3위는 여행입니다. 다짐이기도 하지만 희망이기도 합니다. 4위는 다이어트, 5위는 공부였습니다. 학생들 뿐 아니라 성인들도 이런저런 이유로 공부를 새해 다짐으로 많이 생각한다고 합니다. '독서와 여행, 운동, 공부, 다이어트' 어쩌면 모두 결핍된 뭔가에 대한 갈망이 반영된 것이라는 생각이 듭니다.

학생들도 마찬가지로 시간을 잘 관리하고 싶어 하는 갈망이 있습니다. 실패하면서도 새해가 되면 새해 계획을 세우는 것처럼 학생들도 다시 결심하고 공부 계획을 세워 실천하려고 애씁니다. 그런데 왜 이렇게 잘 안될까요? 학생들이 쉽게 걸려 넘어지는 시간관리의 걸림돌에는 어떤 것이 있을까요?

먼저 학생들의 생각을 들여다보았습니다. 다음 그림은 시간관리의 걸림돌이 되는 다양한 요인을 내적인 원인과 외적인 원인으로 나누어 찾아보는 모둠 활동의 결과물입니다. '하기 싫다', '귀찮다' 같은 의지의 부족, 습관의 문제, PC방이나 휴대전화, 게임, 학원 등 다양한 걸림돌을 살펴볼 수 있습니다. 이 활동을 잠시 소개하도록 하겠습니다.

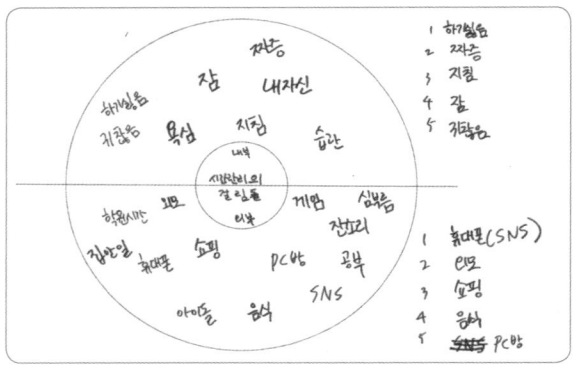

'시간관리의 걸림돌' 활동

이 활동은 다음과 같은 순서로 진행하였습니다. 먼저 가장 안쪽 원 안에 '시간 관리의 걸림돌'이라고 적고 위쪽엔 '내부', 아래쪽엔 '외부'라고 적습니다. 각자 펜을 하나씩 들고 자신이 생각하는 시간관리의 내적인 걸림돌과 외적인 걸림돌을 두 번째 원 안에 생각나는 대로 적습니다. 모둠 활동지에 적힌 시간관리의 걸림돌을 보고 '내부 걸림돌 WORST 5', '외부 걸림돌 WORST 5'를 선정하여 여백에 적습니다. WORST 5를 정하는 활동을 하면서 모둠원 친구들이 공통으로 느끼는 걸림돌을 확인하게 되고 그 중에서 가장 극복하기 힘든 걸림돌도 서로 나눠볼 수 있었습니다.

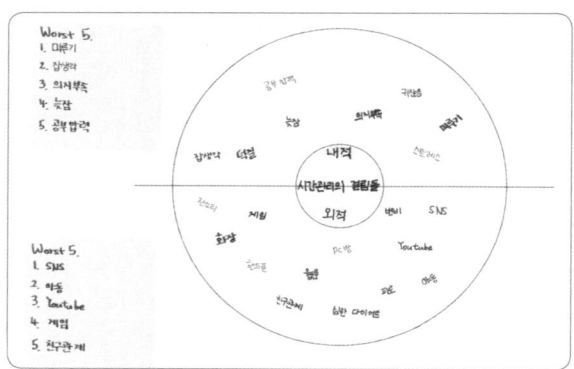

　　이렇게 활동을 한 다음, 모둠에서 선정한 10가지 걸림돌 중 9가지를 선택하여 모둠 빙고 판에 적어 빙고 게임을 실시해도 좋습니다. 단, 여기서 빙고 게임에서 X를 긋는 행위에 대하여 '걸림돌을 제거한다.'라는 의미를 부여하면 빙고가 단순히 재미로 끝나지 않게 할 수 있습니다. 가장 제거하고 싶은 걸림돌을 외치면서 X를 긋게 하면 활동의 의미를 살려줄 수도 있고, 나중에 종이를 완전히 구겨서 휴지통에 버리는 활동까지 하면 그 의미를 더 확실하게 남길 수 있습니다.

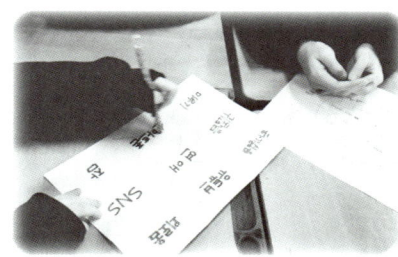 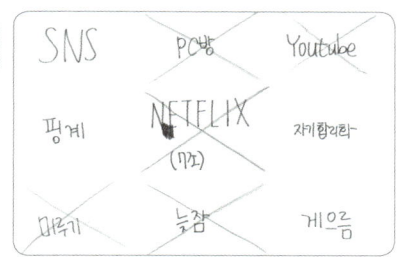

시간관리 전략이 필요한 영역

　　'시간관리의 걸림돌' 활동을 통해 학생들이 체감하는 시간관리의 걸림돌을 알아보았습니다. 시간관리를 어렵게 만드는 걸림돌을 제거하도록 돕는 것이 시간관리 전략입니다. 크게 시간관리 전략이 필요한 영역을 목표, 계획, 실행과 습관, 피드백 4가지로 정리할 수 있습니다.

목표	● 시간을 관리해야 하는 동기 또는 목표가 없는 학생들! ● 시간관리에 대한 동기 부여와 목표설정을 어떻게 할 것인가?
계획	● 매번 실패하는 계획을 세우는 학생들, 벼락치기가 일상인 학생들! ● 나에게 맞는 계획을 어떻게 세울 것인가?
실행/ 습관	● 계획만 세우다 마는 학생들, 꾸준하게 실행하는 것이 힘든 학생들! ● 나쁜 유혹과 습관을 어떻게 제거하고 좋은 습관을 기를 것인가?
피드백	● 공부는 하는데 늘 제자리인 것 같고 성과가 잘 안 나타나는 학생들! ● 목표와 계획을 잘 못 세워도, 실행을 못 했어도 피드백은 꼭 하라!

먼저 시간을 관리해야 하는 동기 또는 목표가 없는 학생들, 하기 싫고 무기력한 학생들에게는 시간관리에 대한 동기 부여와 목표 설정을 어떻게 할 것인지 도움을 줄 수 있습니다. 두 번째로 매번 실패하는 계획을 세우는 학생들, 벼락치기·미루기가 일상인 학생들에게는 자신에게 맞는 계획을 어떻게 세울 것인지 코칭하고 계획을 세워보는 훈련을 할 수 있습니다. 세 번째로 계획만 세우다 마는 학생들, 꾸준하게 실행하는 것이 힘든 학생들, 유혹을 잘 이기질 못하는 학생들은 나쁜 유혹과 습관을 어떻게 제거하고 좋은 습관을 기를 것인지 방법을 고민하고 실천해보는 것이 필요합니다. 마지막으로 공부는 하는데 늘 제자리인 것 같고 성과가 잘 안 나타나는 학생들의 경우, 자신의 목표와 계획·실행의 과정에 어떤 문제가 있었는지 돌아보고 성찰하는 피드백 과정의 중요성을 알려주고 훈련하는 것이 필요합니다. 이 4가지 영역은 다음 그림과 같이 시간관리 전략의 진행 단계로 표현할 수 있습니다.

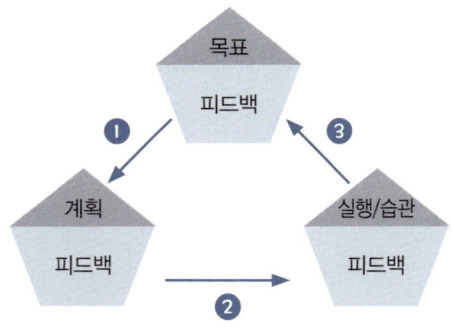

보통 시간관리 전략은 목표 세우기, 계획 세우기, 계획의 실행 및 습관 세우기 단계로 진행되며 각각의 단계마다 피드백 과정이 있습니다. 각 단계의 전략마다 피드백을 통해 학생들 스스로 부족한 부분을 찾아 개선하기도 하고 교사의 코칭이 필요하기도 합니다.

그런데 학생들은 이렇게 한 방향 즉, 목표를 세운 다음 그 목표에 맞는 계획을 세워서 실행으로 가는 순차적인 시간관리 전략 단계를 따르지 않을 수도 있습니다. 예를 들어 별 유형에 해당하는 어떤 학생은 동기나 구체적인 목표가 없이도 실행부터 먼저 해보는가 하면, 계획부터 먼저 세우다 보니 방향성이 없음을 알고 목표를 세우는 과정으로 돌아가는 학생도 있습니다. 즉, 학생들마다 시간관리를 필요로 하는 지점이 다르다는 것입니다. 계획 세우기에 어려움이 있는 학생은 계획 세우기에 중점을 두어 연습해보게 할 수 있고, 계획은 빼곡하게 잘 세우지만 실행을 하는 데 있어 습관이 세워져 있지 않은 부분이 있다면 습관을 세우는 부분에 대한 코칭을 해 주는 것이 필요합니다. 계획에서 시작해서 목표로 갈 수도 있고 실행에서 시작해서 계획을 다시 수정할 수도 있습니다. 이 모든 과정에 피드백이 있습니다. 다시 말해 전략마다 그 전략을 성찰하는 시간을 가지고 어느 방향으로 가야 할지, 자신에게 필요한 전략이 무엇인지 점검하는 것이 매우 중요합니다. 전략의 단계나 순서도 중요하지만 학생들의 학습 유형과 필요를 살피는 것이 먼저 되어야 합니다. 당장 꿈이나 목표가 없다고 계획을 못 세우는 건 아닙니다.

또 하나는 학교 중요 일정에 맞게 좀 더 강조할 전략들이 있을 수 있습니다. 3월엔 목표 세우기를 중점적으로 다루고, 4월, 6월처럼 시험 전에는 계획 세우기를 다룰 수도 있습니다. 방학 전에는 습관 세우기를 중점적으로 다루어 방학 때 좋은 습관을 들이는데 목표를 둘 수도 있습니다.

마지막으로 강조하고 싶은 것은 시간관리 전략에 있어 아주 중요한 피드백입니다. 그림과 같이 모든 과정에서 피드백은 꼭 필요합니다. 교실 속 학습코칭의 강점은 바로 피드백 하는 방식이 다양하다는 것입니다. 학생의 학습 유형에 따른 교사의 개별 코칭 방법도 중요합니다. 또한 교실 안에서 동료들 간의 피드백이 많은 도움을 줄 수 있습니다. 그리고 자기 자신에게 던지는 성찰 질문을 통해 자기 스스로 피드백 하는 습관을 세울 수 있습니다.

목표 달성표 작성을 통한
중·단기 목표 세우기

그렇다면 본격적으로 시간관리 전략을 영역별로 알아보려고 합니다. 그 첫 번째로 목표 세우기에 대한 전략을 생각해보겠습니다. 목표가 없거나 목표가 모호한 학생들을 어떻게 도울 수 있을까요? 구체적인 목표를 설정하는 것은 학생들이 공부를 시작할 수 있는 동기가 될 수 있습니다. 교실 안에는 꿈과 목표를 가지고 구체적으로 준비해가는 학생들도 있지만 그렇지 않은 학생들도 많습니다. 이런 학생들에게 왜 꿈이 없냐고, 꿈과 목표를 가지라고 꿈을 강요하기 전에 작은 목표를 성취하는 경험을 통해 실천 후 느끼는 뿌듯한 감정을 조금씩 쌓아가는 것이 중요합니다. 고등학교 생활 3년, 아니면 올 한해, 또는 이번 분기 3개월처럼 중·단기 동안 이룰 구체적인 목표를 세우고 그 목표를 하나씩 실천하면서 한 걸음씩 가다 보면 미처 생각지 못했던 자신의 꿈을 발견할 수도 있습니다. 구체적인 중·단기 목표를 학생들과 함께 세워보는 활동을 교실에서 어떻게 실천했는지 나누겠습니다.

오타니 쇼헤이의 만다라트 목표 달성표

일본에 오타니 쇼헤이라는 투수가 있습니다. 최고 구속 160km/h를 던지는 괴물 투수로 불립니다. 그런데 오타니 쇼헤이가 야구가 아닌 다른 것으로 유명세를 치른 적이 있었습니다. 그것은 그가 고등학교 때 활용했다는 '만다라트 목표 달성표'입니다. 만다라트는 '목표를 달성한다'라는 뜻의 'Manda+la'와 기술을 뜻하는 'Art'를 결합한 단어로, '목표를 달성하는 기술'이라고 할 수 있습니다. 만다라트 목표 달성표는 최종적으로 달성하고자 하는 목표를 핵심 목표로 하고 이를 위한 세부 목표를 세운 다음 구체적인 실행 방안을 적습니다. 이 기법은 최종 상위 목표를 중심으로 세부 하위 목표를 정하고 하위 목표를 이룰 구체적 실천 방법을 표로 구조화합니다. 그렇기 때문에 명확한 목표 의식을 가질 수 있도록 도와주어 목표의 핵심을 잃지 않게 합니다.

몸 관리	영양제 먹기	FSQ 90kg	인스텝 개선	몸통 강화	축이 흔들리지 않기	각도를 만든다	공을 위에서 던진다	손목 강화
유연성	**몸 만들기**	RSQ 130kg	릴리스 포인트 안정	**제구**	불안정함 없애기	힘 모으기	**구위**	하체 주도로
스태미너	가동역	식사 저녁7수저 아침3수저	하체강화	몸을 열지 않기	멘탈 컨트롤	볼을 앞에서 릴리스	회전 수 증가	가동역
뚜렷한 목표, 목적 가지기	일희일비 하지 않기	머리는 차갑게 가슴은 뜨겁게	**몸만들기**	**제구**	**구위**	중심축 회전	하체 강화	체중 증가
위기에 강하게	**멘탈**	분위기에 휩쓸리지 않기	**멘탈**	**8구단 드래프트 1순위**	**스피드 160km/h**	몸통 강화	**스피드 160km/h**	어깨 주위 강화
기복 만들지 않기	승리를 향한 집념	동료를 배려하는 마음	**인간성**	**운**	**변화구**	가동역	라이너 캐치볼	피칭 늘리기
감성	사랑받는 사람	계획성	인사	쓰레기 줍기	부실 청소	카운트 볼 늘리기	포크 볼 완성	슬라이더 구위
배려	**인간성**	감사	장비는 소중히	**운**	심판에 대한 태도	슬로우 커브	**변화구**	좌타자 결정구
예의	신뢰받는 사람	지속력	긍정적 사고	응원받는 사람이 되자	책 읽기	직구와 같은 폼으로 던지기	스트라이크 에서 볼을 던지는 제구	거리의 이미지화

앞 장의 그림은 오타니 쇼헤이가 고등학교 1학년 때 세운 목표 달성표입니다. 그가 세운 목표는 3년 후 고등학교를 졸업할 때 '8구단 드래프트[13] 1순위' (8개 구단으로부터 영입 1순위가 되는 것)이었습니다. 이를 위해 8가지 구체적인 세부 목표를 세운 다음 각 세부 목표별로 8개의 구체적인 실행 방안을 설정하였습니다. 이 최종 목표를 위해 제구, 구위, 스피드, 변화구, 몸만들기와 같은 야구와 직접 관련이 있는 세부 목표 외에 눈에 띄는 목표가 몇 가지 보입니다. 바로 운, 인간성, 멘탈 영역입니다. 고등학교 1학년 학생이 이렇게 목표를 구체화할 수 있다는 것도 놀랍지만 더 놀라운 것은 바로 멘탈, 인간성, 운도 자신이 구체적인 실천을 통해 달성할 수 있는 목표로 생각했다는 것입니다. 예를 들어 '멘탈' 영역을 보면 이 목표를 달성하기 위해 '일희일비하지 않기', '분위기에 휩쓸리지 않기', '위기에 강하게', '뚜렷한 목표 가지기' 등을 늘 염두에 두고 선수생활을 한 것입니다. '운'과 같은 영역도 보면 '인사', '쓰레기 줍기', '야구부실 청소', '심판에 대한 태도', '책 읽기', '응원 받는 사람이 되자', '긍정적 사고', '장비는 소중히'와 같은 실천 행동으로 구체화하였습니다. 사람들이 생각하는 '운'은 마치 복권처럼 우연히 오는 것이라고 생각하기 쉬운데, 그는 '운은 그냥 우연히 주어지는 것이 아니라 평소 삶에 대한 태도와 가치에 따라 행동했던 것들이 모여 자신의 사람됨을 만들고 그런 사람에게 오는 기회'라는 것을 알고 있었다는 겁니다. 이런 그에게 8개 구단 영입 1순위라는 기회가 온 것은 우연히 온 것이 아닙니다.

'만다라트 목표 달성표 작성하기' 활동

그렇다면 '만다라트 목표 달성표 작성하기' 활동을 학생들과 어떻게 실천했는지 알아보도록 하겠습니다. '만다라트 목표 달성표 작성하기'는 앞서 설명했듯이 자신이 이루고 싶은 중·단기 목표를 설정하는 활동입니다. 무엇보다 중앙의 최종 상위 목표를 달성하기 위해 해야 할 작은 목표로 구체화하는 것이 중요합니다.

	A			B			C		
			A	B	C				
	H		H		D		D		
			G	F	E				
	G			F			E		

작성 방법은 다음과 같습니다. 그림의 목표 달성표 중앙에 이루고자 하는 중·단기 목표를 적습니다. 중앙 주변 8개의 칸 A~H에 이 목표를 달성하기 위해 필요한 세부 목표인 하위 목표를 적습니다. A부터 H 순서대로 왼쪽에서 오른쪽으로 회전하며 하위 목표를 다시 9개의 표 중앙에 채워 줍니다. 그리고 이 8개의 하위 목표를 달성하기 위해 할 수 있는 일, 세부 행동을 8개씩 구체적으로 적습니다.

학생들이 지금까지 한 번도 자신의 꿈이나 목표를 구체화해 본 경험이 없어서 시간이 꽤 걸릴 수 있습니다. 하지만 활동하는 내내 서로의 꿈을 이야기하며 즐겁게 빈칸을 채워 나갑니다. 이 활동을 통해 자신이 하고 싶은 것이 무엇인지를 생각해보는 계기가 된 것만도 큰 성과입니다. 여기에 동료들의 피드백, 용기를 주는 말들은 힘이 될 수 있습니다. 각자 목표 달성표를 작성한 다음 모둠 안에서 나누면서 붙임 쪽지에 격려와 용기를 주는 말을 써서 붙여주는 것도 좋습니다. 목표 달성표를 작성할 때 몇 가지 활용할 만한 팁이 있습니다.

먼저 실천할 수 있는 일을 적도록 합니다. 특히 빈칸을 모두 채워야 한다는 부

담을 갖지 않도록 합니다. 모든 칸을 채우려고 실천하지도 못할 내용을 작성할 필
요는 없습니다. 모든 칸을 채우는 것이 목적이 아닙니다. 아래 예시처럼 할 수 있
는 만큼만 작성하도록 안내합니다.

두 번째는 눈에 띄는 곳에 두고 자주 볼 수 있게 합니다. 작성한 것으로 끝내는
것이 아니라 사물함 밖이나 책상 위 또는 플래너에 붙여두고 자주 보게 하면 실천
할 확률이 높아집니다.

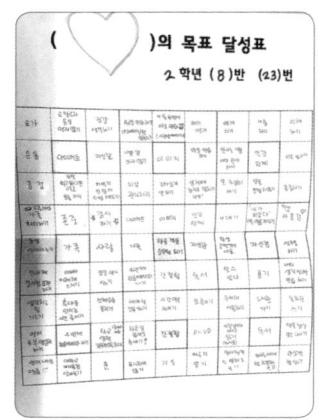

세 번째로는 만다라트의 핵심은 중·단기 목표설정에 있습니다. 그런데 중앙에 적을 목표를 원하는 대학 또는 희망 직업을 쓰는 경우가 많습니다. 뚜렷한 목표를 쓰는 학생도 있지만 꿈이 없는 학생이 많습니다. 만약 꿈이 없다고 말하는 학생의 경우 꿈 찾기를 목표 달성표 중앙에 두고 꿈을 찾기 위한 하위 요소를 생각해보게 할 수 있습니다. 올 한해는 "너의 꿈을 찾아가는 해로 만들어 보자."라고 말하며 격려해줍니다. 가슴 뛰게 하는 꿈을 찾는 것을 목표로 하는 것 자체로도 의미가 있기 때문입니다.

네 번째 팁은 만다라트 중앙의 목표를 교사가 제시할 수도 있습니다. 학급의 공동의 목표, 예를 들면 우리 학급의 1학기 또는 1년 동안 실천할 목표를 제시하고 이를 위해 학급의 일원으로서 개인이 실천할 수 있는 구체적인 일들을 적어보게 할 수도 있습니다. 우리 학급 만다라트 목표 달성표를 만들어서 게시판에 게시해 두는 것도 좋습니다.

목표 달성표를 작성하고 구체적인 행동 요소를 잘 실천하도록 돕는 방법으로 목표 달성표의 실천 행동을 실천할 때마다 스티커를 붙이거나 색칠하는 방법을 활용하거나 주간 계획을 세울 때 구체적인 실천 행동을 반영할 수도 있습니다. 또는 실천 행동 중 한두 개를 선택하여 핵심 습관으로 정해서 실천할 수 있습니다.

마지막으로 목표 달성표 양식을 다양하게 제공하여 학생들이 선택할 수 있도록 합니다. 만다라트 목표 달성표는 본래 세워야 할 하위 목표가 8가지나 되어 작성에 어려움을 느끼는 학생들이 많습니다. 이를 보완하기 위해 다음 2가지 양식을 개발하여 선택할 수 있도록 하였습니다. 하나는 ½만다라트 목표 달성표 활동지이고 또 하나는 써클맵 목표 달성표 활동지입니다. ½만다라트 목표 달성표 활동지는 하위 목표를 4개로 줄인 것이고, 써클맵 목표 달성표 활동지는 달성하고자 하는 하위 목표의 개수만큼 칸을 그려 사용함으로써 학생들이 자유롭게 하위 목표의 개수를 정할 수 있도록 하였습니다.

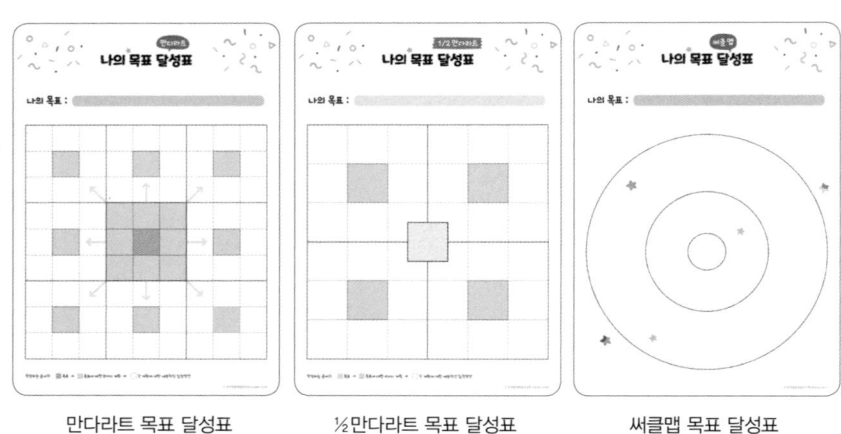

| 만다라트 목표 달성표 | ½만다라트 목표 달성표 | 써클맵 목표 달성표 |

보시는 것처럼 ½만다라트 목표 달성표와 써클맵 목표 달성표는 원래 양식에 비해 처음 목표를 세우는 연습을 할 때 부담을 덜어주어 학생들이 자신에게 맞게 선택하여 작성할 수 있었습니다.

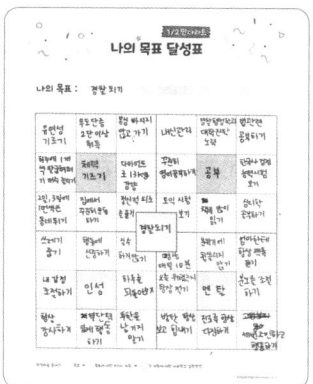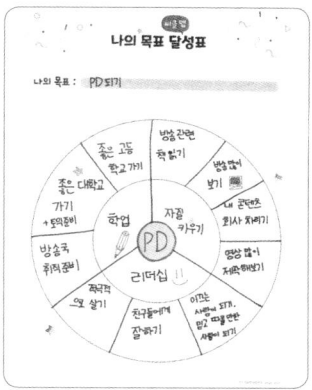

왼쪽 그림의 사례를 한 번 살펴보겠습니다. 경찰이 되길 희망하는 이 학생은 무엇보다 공부와 체력을 기르는 것이 중요하다고 생각하여 아주 구체적으로 실천할 내용을 적었습니다. 체력을 키우기 위해 유연성을 기른다든가 하루에 1개씩 팔굽혀 펴기 늘려가기, 2~3일에 한 번씩 동네 뛰기, 복싱 빠지지 않기 등을 적었습니다. 공부 영역에도 내신관리, 경찰행정 관련 대학 진학, 법 공부, 한국사 검정능력시험 보기와 같은 실천 행동 목표를 적었습니다. 이 학생도 멘탈과 인성 영역을 적었습니다. 인성 영역에는 감정 조절하기, 하루 돌아보기, 항상 감사하기, 신중하게 행동하기 등을, 멘탈 영역에는 분노 조절하기, 오늘 뭐 했는지 적어보기, 진로 매일 다짐하기, 방탄소년단 보고 힘내기 등 재미난 내용을 적었습니다.

〈아주 작은 반복의 힘〉의 저자 로버트 마우어는 "발걸음이 작다 해도, 그 발걸음이 이룬 것은 작지 않다."라고 말합니다. 학생들이 한 번이라도 자신의 목표에 대해 생각해보고 써 보는 경험은 중요합니다. 아무것도 생각하지 않고 아무 일도 하지 않는 것보다는 한 번이라도 내가 하고 싶은 일이 무엇인지, 내가 할 수 있는 일들은 무엇이 있는지 생각하고 기록해보는 작은 발걸음은 절대 작지 않습니다. 구체적인 목표를 정하고 매일매일 실천해가는 작은 성공의 경험을 통해 우리 학생들이 가고자 하는 곳에 한 발짝 가까이 다가갈 것입니다.

우선순위에 따른
시간 계획 세우기

목표를 설정하는 것만큼이나 시간관리에 있어 중요한 부분은 우선순위를 정하는 것입니다. 왜 우선순위를 생각하면서 시간 계획을 세워야 하는지, 어떻게 구체적인 시간 계획을 세울 것인지에 대해 알아보겠습니다.

현대인들이 입에 달고 사는 말이 바로 '바쁘다, 시간이 부족하다'는 말입니다. 정말 해야 할 일이 많아서일 수도 있지만 많은 경우 우선순위 없이 일을 하다 보니 정작 해야 할 중요한 일을 미루어 하지 못하거나 정신없이 처리하게 됩니다. 공부를 많이 하는 것 같은데 시간이 항상 부족하다고 느낀다거나 미루고 미루다가 결국에는 닥쳐서 과제를 하게 되는 학생들, 무엇부터 공부해야 할지 몰라 시작조차 못하는 학생들을 위해 우선순위에 따른 시간관리에 관해 생각해보겠습니다. 보통 우리가 사용하고 있는 시간을 잘 살펴보면 그 사람이 어디에 가치를 두고 있는지, 무엇에 우선순위를 두고 살고 있는지를 볼 수 있습니다.

'큰 돌-자갈-모래' 활동

스티븐 코비 박사의 「성공하는 사람들의 7가지 습관(2003)」에 다음과 같은 내용의 이야기가 나옵니다. 한 교수가 수업을 듣는 학생들에게 주어진 큰 돌과 자갈, 모래를 주고 항아리에 모두 담는 방법을 묻습니다. 결론적으로 큰 돌들을 먼저 넣고 그 사이 사이에 자갈과 모래를 넣으면 전부 담을 수 있다는 이야기입니다. 다시 말해 작은 모래나 자갈부터 담게 되면 나중에 큰 돌을 넣을 수 없게 됩니다. 이 이야기는 우선순위를 정해서 중요한 것을 먼저 해야 한다는 것을 말해 줍니다. 중요하지도 않고 긴급하지도 않은 작은 일들로 우리 인생을 채우다 보면 정작 소중한 것을 하지 못할 수 있다는 교훈을 줍니다. 이 원리를 학생들과 활동으로 풀어볼 수 있습니다.

큰 돌, 자갈, 모래를 주어진 항아리에 모두 담아보게 함으로써 중요한 일을 먼저 해야 함을 인식할 수 있는 활동입니다. 먼저 큰 돌, 자갈, 모래 그림 활동지를 나눠 주고 큰 돌, 자갈, 모래를 하나씩 오립니다. 그런 다음 항아리가 그려진 활동지를 주고 방금 오린 큰 돌, 자갈, 모래를 모두 항아리 그림 안쪽 테두리 안에 넣어 붙이도록 합니다. 마지막으로 큰 돌, 자갈, 모래를 모두 항아리에 어떻게 넣었는지 자신의 방법을 돌아가며 설명합니다. 일의 우선순위와 관련하여 이 활동이 주는 의미를 생각해볼 수 있습니다.

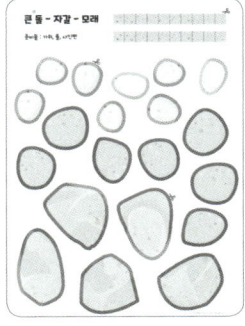

이 활동을 할 때 몇 가지 유의사항이 있습니다. 큰 돌, 자갈, 모래를 오리기 전에 색깔 펜으로 테두리를 그려주면 시각적으로 명확해집니다. 그리고 큰 돌, 자갈, 모래를 겹치지 않게 붙이도록 하고 이미 붙이고 나면 다시 옮길 수 없다고 안내합니다. 활동이 마무리되면 큰 돌, 자갈, 모래가 어떤 의미를 가지는지 나누고 우리가 작은 일들에 밀려 놓치고 있는 소중한 일이 무엇인지 생각해볼 수도 있습니다. 또한 큰 돌, 자갈, 모래에 해당하는 일에 어떤 것이 있는지 생각하여 적어볼 수도 있습니다.

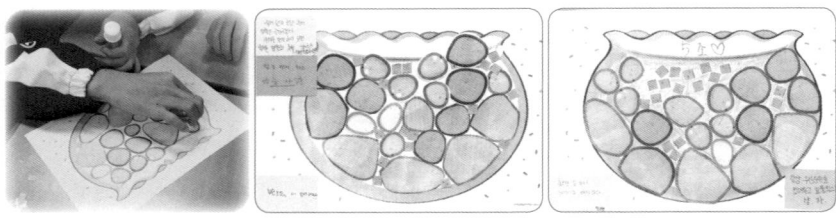

어떤 모둠은 큰 돌부터 항아리에 넣어서 항아리를 채우는데, 어떤 모둠에서는 그림과 같이 순서 없이 붙이다가 결국 항아리 안쪽 테두리 안에 모두 넣지 못하고 테두리 밖으로 나온 사례도 있습니다. 다른 모둠의 사례를 보여주며 "만약 다시 붙인다면 어떻게 붙이겠니?"라고 물어봅니다. 그러면 "아, 큰 돌부터 넣고 자갈 넣고 사이사이에 모래를 넣으면 된다."고 말합니다. 바로 그것이 이 활동의 의미라고 전달합니다. 시간관리에 있어서도 중요한 일을 먼저 하는 것이 매우 중요한 원리라고 설명합니다. 중요한 일부터 먼저 하라고 주입하기 전에 활동으로 풀어보면 그 의미가 훨씬 더 분명하게 전달됩니다.

우선순위 매트릭스

숀 코비(2005)는 「성공하는 10대들의 7가지 습관(2005)」에서 우선순위에 따라 일을 처리하는 사람의 유형을 미루는 사람, 우선순위를 정해 일하는 사람, 무조건 '그래' 하는 사람, 게으른 사람으로 분류하였습니다.

	급한 일	덜 급한 일
중요한 일	A 영역 : 미루는 유형 ● 대부분의 일은 B 영역이었으나 미루다가 A 영역으로 오게 된 일이 많음 ● 발등에 불 떨어진 일들, 내일 시험, 오늘 자정 12시까지 과제 제출, 지각, 벼락치기	B 영역 : 우선순위를 정해 일하는 유형 ● 당장 시급하지는 않음 ● B 영역의 일을 먼저 하면 여유가 생김 ● 시험계획, 일주일 후에 낼 수행 과제, 예습과 복습, 운동, 독서, 규칙적인 생활 습관, 가족과의 시간
덜 중요한 일	C 영역 : 무조건 '그래'하는 유형 ● 부탁할 때 거절하기를 어려워 함 ● 다른 사람의 사소한 문제, 중요하지 않은 전화나 문자, 분위기 때문에 마지못해 만남	D 영역 : 게으른 유형 ● 내 삶에서 제거해야 할 일 ● 지나친 TV 시청 및 컴퓨터 게임, ● 불필요한 인터넷 검색, 전화 통화 및 SNS

A 영역의 일은 대부분 B 영역이었으나 미루다가 A영역으로 오게 된 일이 많습니다. 당장 발등에 불 떨어진 일들이 그것입니다. 내일 시험 준비를 한다든지, 오늘 자정 12시까지 과제를 제출 한다든지 늦게 일어나 지각을 할 수 있는 상황, 벼락치기 하는 상황 등이 이에 해당합니다. 반면 B 영역의 일은 당장 시급하진 않지만 이 영역의 일을 먼저 하게 되면 시간의 여유가 생기게 됩니다. 시험계획을 세워 공부 한다든지 매일 일일 계획을 피드백 하는 것, 일주일 후에 낼 수행 과제를 미리 계획하여 준비 한다든지 예습, 복습, 운동, 독서, 규칙적인 수면 습관 등이 이에 해당합니다. C 영역은 많은 사람이 A 영역 다음으로 선택하는 일들입니다. 부탁할 때 거절을 잘하지 못하는 사람이 이 영역의 일을 많이 하다 시간을 보내게

됩니다. 예를 들면 중요하지 않은 전화나 문자에 일일이 답을 하거나 다른 사람의 사소한 문제에 여기저기 관여하거나 분위기 때문에 마지못해 친구를 만나는 것 등이 이에 해당합니다. D 영역은 가능하면 삶에서 덜어내야 할 영역의 일들이 많습니다. 지나친 TV 시청, 밤새 컴퓨터 게임, 인터넷 검색, 끝없는 전화, SNS 등이 이 영역에 해당합니다.

누구나 A 영역의 일을 최우선에 두게 됩니다. 당장 긴급하고 중요한 일이기 때문입니다. 그렇다면 다음으로 우선되는 일이 무엇인지 선택해야 합니다. 많은 사람들이 급하고 중요한 일을 처리하느라 시간에 쫓겨 삽니다. 어떻게 하면 시간에 쫓기지 않고 살 수 있을까요? 바로 B영역의 일을 점차 늘려가는 것입니다. 당장 급하지 않아도 중요한 일들을 미리 계획하여 해내는 연습을 하다보면 급한 일을 처리하느라 우리의 시간을 쓰지 않아도 됩니다. 사람마다 중요하게 생각하는 일은 다를 수 있습니다. 자신이 가치 있게 여기는 일들도 다르고 주어진 역할과 목표도 다를 수 있습니다. 학생들이 저마다 가지고 있는 현재의 관심 영역과 중요하게 여기는 것을 존중하고 이해해주되 동기와 피드백을 통해 학생들에게 B 영역의 일을 선택할 수 있도록 기회를 줌으로써 스스로 성장할 수 있도록 돕는 것이 필요합니다. 학생의 관심과 욕구가 어느 정도 채워져야 다른 일을 할 힘이 생기기 때문입니다. 학생들마다 중요한 일도 긴급한 일도 다릅니다. 학생들이 우선순위를 정하는 데 있어서도 다음과 같은 질문을 통해 스스로 피드백 할 수 있습니다.

- 내가 꼭 해야 할 긴급하고 중요한 일은 무엇인가?
- 중요하고 급한 일 중에서 줄일 수 있는 부분은 무엇인가?
- '무조건 그래.'에서 '안 돼.'라고 말해야 하는 부분은 무엇인가?
- 나의 삶에서 제거해야 할 습관은 무엇인가?

일상에서는 보통 긴급한 일을 먼저 처리해야 할 때가 많습니다. 때로는 해야할 일을 미루다가 긴급한 일이 되어 중요한 우선순위가 밀리기도 합니다. 긴급하지 않지만 중요한 일에 미리 시간을 사용하는 것이 시간관리에서 중요합니다. 그런데 이것이 쉽지 않습니다. 긴급한 일은 즉각적인 행동이 요구되고 다른 일에 영향을 주기 때문에 지금 당장 해야 하는 것입니다. 여기서 긴급한 일이라는 것이 실제로 시간이 급한 일도 있지만 마음속에서 급한, 다시 말해 바로 하고 싶은 것이 될 수도 있습니다. 사실은 이런 긴급한 일의 상당한 부분이 중요하지 않은 경우도 있습니다. 급하지는 않지만 중요한 일에는 많은 의지가 필요합니다. 매일한 시간씩 운동을 한다거나 30분 이상 책을 읽는 일 등이 이에 속합니다. 긴급한 일을 처리하다가 정작 중요한 뭔가를 놓치는 일이 생기지 않으려면 우선순위를 정하고 이에 따라 시간계획을 세우는 연습이 반드시 필요합니다. 사람마다 자신이 중요하다 생각하는 가치나 현재 자신의 역할과 목표에 따라 우선순위로 두는 영역이 다를 수 있습니다. 시간관리를 코칭 할 때 급하지는 않지만 중요한 일들을 먼저 실천할 수 있도록 동기를 부여하는 것이 중요합니다.

'우선순위 정하기' 활동

학생들과 시간 계획을 세우기 전에 우선순위를 정하는 활동을 해 볼 수 있습니다. 주간 계획을 세우기 전에 한 주 동안 할 일의 목록을 적어보고 먼저 해야 할 일들이 무엇인지 우선순위를 생각해보는 활동입니다. 다음 일주일 동안 해야 할 일을 영역별로 구체적으로 적어본 다음 영역별로 기록한 일의 목록을 보고 중요도와 긴급성에 따라 꼭 해야 할 중요한 일에 별 3개, 당장 긴급하지는 않아도 중요하게 해야 할 일에 별 2개, 중요하진 않지만 꼭 하고 싶은 일에 별 1개를 그립니다. 별이 그려지지 않은 일은 시간이 주어지면 할 일들입니다. 여기서 중요한 것은 학생들에게 긴급한 일만 하다 보면 시간에 늘 쫓기며 살 수 밖에 없다고 설명하고 미리 해야 할 공부, 과제 등을 우선해서 해내는 연습을 하도록 코칭 합니다. 저학년 때는 해야 할 공부나 과제의 양이 많지 않아 미루다가 벼락치기를 해도 크게 문제가 되지 않습니다. 그러나 학년이 올라갈수록 과제의 양과 할 일이 많아지기 때문에 미루기와 벼락치기가 더 이상 통하지 않습니다. 그렇기 때문에 학생들에게 B영역의 일을 시간 계획안에 더 많이 반영하도록 연습할 것을 피드백해줍니다.

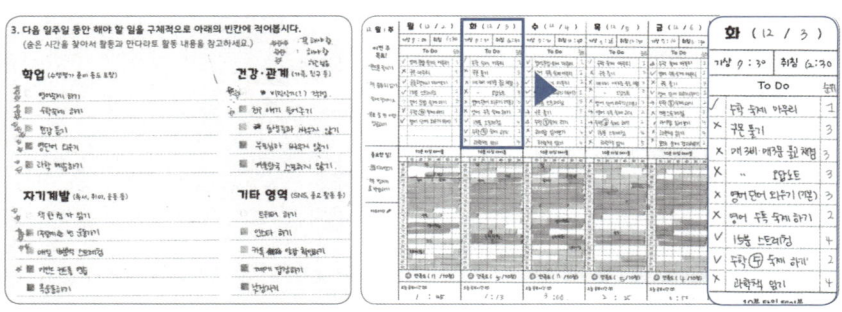

우선순위를 정한 다음 이를 주간 계획에 반영한 활동 사례입니다. 매일 할 일을 적은 다음 우선순위에 따라 할 일 옆에 일의 순서를 기록하였습니다. 이 학생도 오늘 학원가기 전까지 해야 할 수학 숙제 마무리를 1순위로 두었고 내일까지 할 영어, 수학 과제를 2순위로 두었습니다. 그리고 매일 매일 하는 공부, 책 읽기, 스트레칭 등을 그다음 순위로 배치하였습니다. 이 학생은 다음 주에 할 일을 미리 계획하면서 언제까지 무엇을 해야 하는지 그림을 그리고 나니 일의 우선순위가 보인다고 했습니다. 또한 이렇게 미리 계획하여 실천하다 보면 당장 해야 할 숙제만 급하게 하다가 시간을 보내진 않을 수 있겠다는 생각이 들었다고 합니다. 습관을 들이고 싶은 스트레칭이나 독서도 매일 할 일에 넣어 해 내려고 노력했다고 소감을 나눠주었습니다.

계획되지 않은 시간은

나의 약점이 있는 곳으로 흐른다.

계획되지 않은 시간은 내가 속한 영역에서

지배적인 위치에 있는 사람의 영향력에 의해 좌우된다.

계획되지 않은 시간은 긴급한 일들에 소모된다.

- 고든 맥도날드 -

계획되지 않은 시간은 함부로 사용하기 쉽습니다. 계획을 세우지 않으면 계획을 세운 다른 사람에 의해 내 시간을 쓰게 됩니다. 결국 계획되지 않은 시간은 긴급한 일에 소모하게 되고, 그러다 보면 항상 시간이 부족하다고 말하게 됩니다. 점점 중요한 일보다는 긴급한 일에 끌려 다니게 됩니다. 그러므로 시간을 계획하고 관리하는 것이 필요합니다.

시간관리의 꽃,
주간 계획 세우기

이번 절에서는 시간관리의 두 번째 영역인 주어진 시간을 배분하고 계획을 세워 실천하는 부분에서 어떤 도움을 줄 수 있을지 생각해보도록 하겠습니다. 과제를 급하게 허겁지겁하지 않고 미리 계획을 세워 공부하고 실천하는 습관을 지니도록 돕는 것은 학습코칭에 있어 매우 중요한 부분입니다.

공부 시간이란 배우는, 학(學)을 위한 시간이 아니라 익히는, 습(習)을 위한 시간을 의미합니다. 학년이 올라갈수록 '스스로' 공부를 계획하고 실행하는 것이 중요합니다. 이를 위해서는 구체적인 목표를 설정하고 자신에게 맞는 계획을 세워 실천하는 것이 필요합니다. 특히 시간 계획은 시간 단위에 따라 일일 계획, 주간 계획, 월간 계획, 연간 계획 등이 있습니다. 여기서는 특별히 일주일을 단위로 하는 주간 계획 세우기를 중심으로 학생들과 실천했던 사례를 나누고자 합니다.

주간 계획표를 활용한 시간관리

주간 계획을 세우는 데 있어서 핵심은 가용 시간을 어떻게, 무엇으로 채우느냐의 문제입니다. 가용 시간은 스스로 활용할 수 있는 시간으로 자신이 계획하고 실천할 수 있는 시간, 즉 '껩'을 할 수 있는 시간을 말하며, 이전 단원에서 언급한 변동 시간과 같은 의미입니다. 다시 말해 전체 시간에서 고정 시간을 빼고 남는 시간을 말합니다. 주간 계획을 세우는 순서는 다음과 같습니다.

1) 먼저 자신의 가용 시간을 확인한 다음 이 시간 중에서 공부 목표 시간을 정합니다. 단, 실천 가능한 목표를 정하는 것이 좋습니다.

2) 자신에게 맞는 주간 계획표 양식을 선택합니다.

3) 과목별 공부 계획과 매일 잊지 않고 해야 할 일을 반영하여 To Do List를 작성합니다.

4) 공부와 관련되지 않은 일도 To Do List에 적습니다. To Do List를 우선순위를 고려하여 시간 계획안에 배치합니다.

주간 계획을 세울 때 한 가지 더 고려할 것은 여유 시간을 확보하는 것입니다. 계획한 것을 모두 이행했다면 수고한 자신을 위한 보상의 시간으로, 이행하지 못했다면 '다시 해보는' 시간으로 활용합니다. 예를 들면 친구와의 만남, 영화 보기, 종교 활동 등도 계획에 포함하면 좋습니다. 꾸준히 즐거운 마음으로 할 수 있도록 계획을 여유 있게 세우도록 피드백 합니다. 자신이 할 수 있는 계획이어야 실천할 확률이 높아집니다.

STAR 원칙을 적용한 주간 계획 세우기

주간 계획을 세우는 데 있어 중요한 STAR 원칙을 소개합니다.

S pecific 구체적으로 적어라.

T ime 시기별로 나누어 적어라.

A reas 영역별로 나누어 적어라.

R eflect 성찰해 보라.

첫째, Specific : 구체적으로 적어라

목표는 구체적으로, 가능하면 수치화하여 달성도를 측정할 수 있도록 합니다. 목표가 구체적일수록 실천과 달성으로 이어지기 쉽습니다. 예를 들면, 다음과 같습니다.

- '수학 공부 열심히 하기'보다는 '수학 문제집 매일 2장 풀기'
- '건강관리 하기'보다는 '매일 팔 굽혀 펴기 3개씩 하기'
- '영어공부하기'보다는 '매일 영어 지문 3개씩 해석하기'

둘째, Time : 시기별로 나누어 적어라

한 주간 할 일을 시기별로 나누어 배치하는 것을 말합니다. 마감일을 기록하는 것도 여기에 해당합니다. 큰 목표는 작은 목표로 나누고 주간에 할 일을 매일 할 일로 나눕니다. 예를 들면 이번 주 수학 1단원 모두 풀기를 목표로 정했다면 이를 매일 할 일로 나눕니다. 매일 수학 3장씩 풀기와 같이 말입니다. 현실적인 단위로 시간을 나눠 작은 성취를 반복하면 목표에 도달할 가능성은 커집니다.

셋째, Areas : 영역별로 나누어 적어라

영역별로 목표를 설정하는 것은 개인의 성장을 균형 있게 이루기 위해 필요합니다. 영역의 예시로는 학업, 관계, 가족, 취미, 성품, 건강, 신앙, 봉사 등이 있습니다. 예를 들어 가족과 보내는 시간을 확보하기 위해 일주일에 두 번 가족과 아침 식사하기라든가 취미 생활로 일주일에 한 번 1시간 농구하기 등도 계획 세우기에 반영할 수 있습니다.

마지막으로, Reflect : 성찰해 보라

Reflect는 '비춰보다'라는 뜻입니다. 피드백이 이에 해당합니다. 자신이 세운 계획을 확인해보고 실천 정도를 점검해보는 것입니다. 너무 지나치게 목표를 높게 세워 쉽게 포기하거나 너무 여유 있게 세워 최종 목표에 도달하지 못 하는 일이 없도록 하는 데 필요합니다. 다음과 같은 질문을 함으로써 내가 세운 계획을 점검해 볼 수 있습니다. 계획대로 실천했다면 혹은 그렇지 않았다면 어떤 느낌이 드는지, 만족하는지, 보람이 있었는지, 나를 위한 보상은 무엇으로 할지 스스로 물어볼 수 있습니다. 그리고 목표와 실천 사이에 관련성이 있는지도 살펴봅니다. 계획에 없던 일로 시간을 보냈다면 그 일이 꼭 필요한 일이었는지도 돌아봅니다.

계획 세우기에 STAR 원칙을 적용한 사례를 살펴보겠습니다.

수 (12/4)		목 (12/5)		금 (12/6)		토 (12/7)		일 (12/8)	
기상 :	취침 :	기상 :	취침 :	기상 :	취침 :	기상 :	취침 :	기상 :	취침 :
To Do		To Do		To Do		To Do		To Do	
영어 단어 암기		국어 문법 자이스 토리 문풀		영어 단어 암기		국어 문법 문풀 토리 문풀		국어 문법 자이스토리 문풀	
국어 문법 자이스 문풀		영어 리딩 숙제		국어 문법 자이스 모리 문풀		책 50페이지 이상 읽기		영어 문법 숙제	
책 50페이지 이상 읽기		수학 과외 숙제6		수학 과외 숙제12		3월 모의고사 기출 풀기		3월 모의고사 기출 풀기	
뜨개질 하기		뜨개질하기		뜨개질 하기		뜨개질 하기		뜨개질하기	
자전거 타기		3월 모의고사 대비 문풀				자전거 타기			
						과학 자이스토리 문풀			

(R) 매일 자신이 할 일의 완료 여부를 체크할 수 있음 부족한 부분을 성찰하여 다음 날에 반영하기

(S) 구체적인 일의 목록 적기
(T) 매일, 금주 중에 할 일 목록 적기

(A) 공부 외에도 취미, 만남 등 중요한 할 일 적기

매일 해야 할 구체적인 일의 목록을 적었고(S), 매일 또는 금주 중에 할 일 목록을 나누어 적었습니다(T). 공부 외에도 취미, 만남 등 삶에 있어 중요한 일들도 적은 것을 확인할 수 있습니다(A). 계획표를 보다가 학생이 매일 하는 일 중의 하나가 눈에 들어왔습니다. 바로 뜨개질하기입니다. 이 학생은 뜨개질이 재밌기도 하고 목도리를 하나 떠서 선물해주고 싶다며 이번 주 안에 꼭 완성하고 싶다고 얘기를 해주었습니다. 이 학생은 뜨개질하기라는 일을 자신의 시간 계획안에 반영하고 매일 일정한 시간 뜨개질하기에 시간을 할애하였습니다. 마지막으로 매일 자신이 할 일의 완료 여부를 체크하고 부족한 부분을 성찰하여 다음 날에 반영하도록 하였습니다(R).

시간 계획을 세우는 두 가지 방식

계획을 세우는 방식은 성격 유형별로 다를 수 있습니다.

시간 계획 중심의 시간관리

시간 계획 중심의 시간관리 유형은 하루 24시간을 잘게 나누어 일과를 관리하는 방법으로 논리적이고 꼼꼼한 네모형과 세모형 학습자가 선호합니다. 시간 계획을 볼 수 있는 주간 계획표, 일일 계획표 양식을 활용합니다. 일과를 시간대별로 계획하고 계획에 맞춰 자신의 시간을 관리하기 때문에 고정 시간 비율이 높은 학생들의 시간관리라고 볼 수 있습니다.

To Do List 중심의 시간관리

To Do List 중심의 시간관리는 해야 할 일을 중심으로 우선순위를 정한 다음, 그 일을 가장 잘 실행할 수 있는 시간을 정합니다. 하루 중 어느 때건 그 일을 완성하기만 하면 됩니다. 쉽게는 메모지에 적어서 자신이 잘 보이는 곳에 붙여 두거나 할 일의 목록을 수첩에 적어서 점검하는 것으로 시작할 수 있습니다. 최근에는 이런 To Do List 중심의 시간관리를 돕는 플래너가 많이 있습니다. 별형과 동그라미형 학습자도 도전할 수 있는 시간관리 방법입니다.

다양한 주간 계획표 양식

주간 계획을 세워서 실천까지 가게 하려면 주간 계획 양식이 자신에게 적합해야 합니다. 다양한 주간 계획 양식의 장단점을 설명한 다음 자신에게 맞고 실천할 수 있을 것 같은 주간 계획표를 선정하여 다음 한 주의 계획을 세워보도록 연습합니다. 앞으로 소개할 5가지 종류의 주간 계획표 양식은 시간관리 수준이 높거나 낮음에 의해 구분되는 게 아니란 점을 강조하고 싶습니다. 남들이 말하는 좋은 계획표가 아니라 내가 실천할 수 있는 계획표를 선택하는 것이 중요합니다. 자신에게 맞는 계획표라야 꾸준히 활용할 수 있기 때문입니다. 이제 각 양식을 적용해서 실천했던 학생들 사례를 중심으로 학생들에게 어떤 도움이 되었는지 살펴보겠습니다. 물론 계획표 양식보다 중요한 것은 지속해서 실천하는 것입니다.

첫 번째 양식은 다음과 같습니다.

이 양식의 작성 방법은 이번 주에 해야 할 일을 한 칸에 하나씩 적는 것입니다. 그리고 해야 할 요일 또는 횟수를 표시할 수 있는 체크 박스를 그립니다. 일을 수행할 때마다 자신만의 체크 방식으로 일을 완료했음을 표시합니다.

이 양식의 장점은 할 일을 어느 정도 했는지 시각적으로 쉽게 확인할 수 있고, 매일 할 일과 일회적으로 할 일을 구분할 수 있습니다. 일주일 중 어느 시간대이든 그 일을 완성하면 됩니다. 이 양식의 경우 우선하여 해야 할 일과 나중에 할 일이 구분되지 않으므로 먼저 해야 할 일을 표시하도록 하면 더 효율적으로 활용할 수 있습니다. 칸의 개수를 더 줄일 수도 늘릴 수도 있으며, 모든 칸을 다 채우지 않아도 됩니다.

두 번째 양식은 다음과 같습니다.

이 양식을 작성하는 방법은 이번 주에 해야 할 일을 요일별로 적는 것입니다. 학교 일정, 꼭 기억할 일정, 과제도 적습니다. 일의 달성 정도에 따라 ○○○○에 표시합니다. 예를 들어 50% 완성했다면 ○○○○에 2개만 색칠하면 됩니다. 이 양식은 할 일을 어느 정도 했는지 완료 정도를 시각적으로 쉽게 확인할 수 있고, 매일 할 일 중에 완료되지 못한 일은 일주일 중 어느 시간대이든 그 일을 완성하도록 일정을 조정할 수 있습니다. 이 양식 또한 우선으로 해야 할 일과 나중에 할 일이 구분되지 않으므로 먼저 해야 할 일, 중요한 일정을 표시할 수 있다면 더 효율적으로 활용할 수 있습니다.

세 번째 주간 계획표 양식은 다음과 같습니다.

이 양식은 시간대별로 고정 시간에 할 일을 표시하고 가용 시간에 해야 할 일들도 배치합니다. 매일 목표 시간을 정하고 하루를 마무리하는 시간에 달성한 정도와 공부 시간을 적으면서 자기평가를 시행합니다. 이 양식의 경우 변수가 적은 즉, 고정 시간이 많은 학생에게 적합한 양식입니다. 별형이나 동그라미형은 답답해할 수 있는데 이들을 위해 원하는 모양의 체크 박스를 그려 넣는다든지, 할 일을 모두 완료했을 경우 줄을 긋거나 색칠을 하여 작은 성취를 시각적으로 확인할 수 있도록 합니다.

네 번째 양식은 다음과 같습니다.

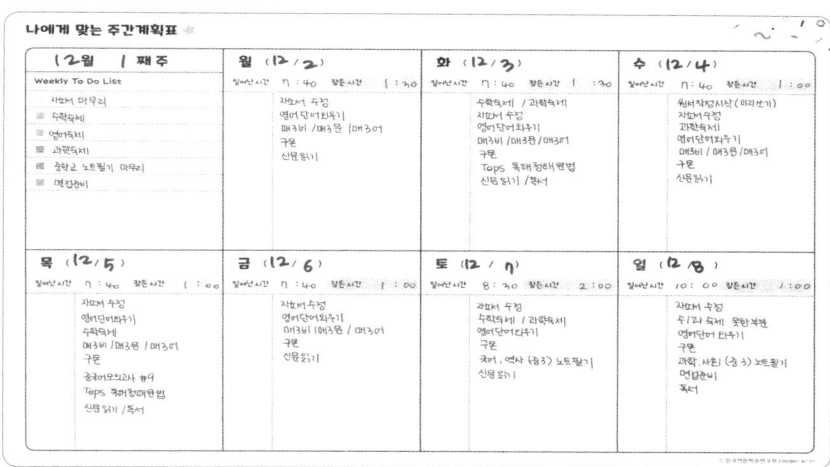

이 양식은 이번 주에 해야 할 중요한 일을 기록하고 요일별로 해야 할 일을 적습니다. 매일 기상 시간과 자는 시간을 기록함으로써 하루에 어느 정도 시간을 활용할 수 있는지 확인할 수 있습니다. 일을 완료할 때마다 하나씩 지우거나 체크를 하다 보면 완료 여부를 눈으로 쉽게 확인할 수 있습니다.

마지막으로 소개할 주간 계획표 양식은 다음과 같습니다.

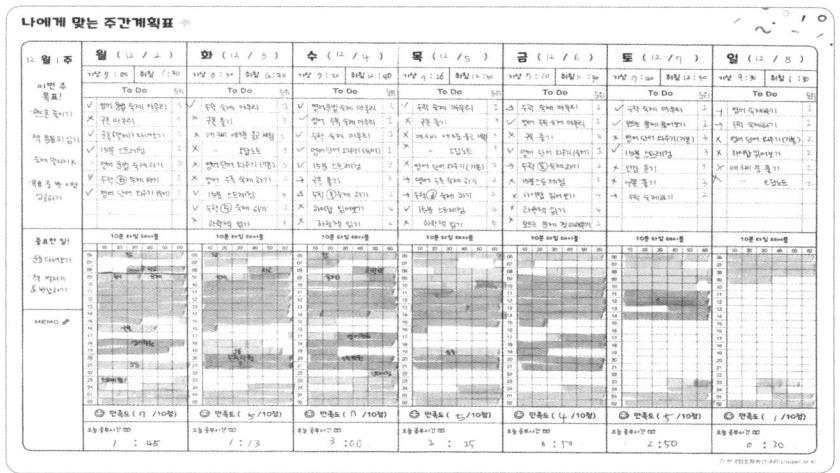

이 양식은 이번 주 목표와 해야 할 중요한 일을 왼쪽에 기록하고 요일별로 해야 할 일을 적습니다. 기상 시간과 자는 시간을 기록함으로써 하루에 어느 정도 시간을 활용할 수 있는지 확인할 수 있고 매일 하려고 했던 일을 어느 시간대에 얼마나 했는지 10분 단위로 색칠을 하며 스스로 시간 계획과 실천을 점검합니다. 하루 동안 자신의 시간관리에 대한 만족도를 적어보고 하루 공부 시간까지 기록하며 피드백 할 수 있습니다. 자신이 공부한 시간을 시각적으로 쉽게 확인할 수 있고 완료하지 못한 일을 어느 시간대에 할지 반성하고 다시 계획할 수 있습니다.

나에게 맞는 시간 계획표

다른 사람에게 잘 맞는 옷이라고 나에게도 맞는 것은 아닐 수 있습니다. 어떤 양식이든 자신에게 적합한 계획표를 찾아서 지속해서 실천할 수 있게 하는 것이 필요합니다. 더 나아가 불필요한 것을 거둬내고 자신에게 필요한 부분만을 넣어서 만든 주간 계획일 때 실천력이 향상하게 됩니다. 바로 나의 맞춤형 플래너인 셈입니다. 지금 보시는 것은 한 학생이 자기에게 맞는 플래너를 직접 만들어서 활용한 사례입니다.

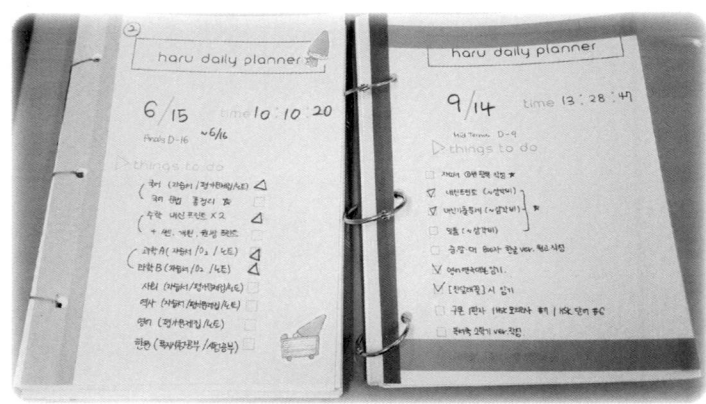

　자기에게 꼭 필요한 부분 즉, 날짜, 공부 시간, 기말고사 D-day, 할 일 목록, 체크 박스 등만 가져와서 자신만의 일일 계획을 세울 수 있는 플래너를 만들었습니다. 무엇보다 시작이 중요합니다. 메모지든 수첩이든 오늘의 할 일을 작성해보는 아주 작은 시도부터 시작하는 것이 중요합니다.

오늘 하루를 헛되이 보냈다면 그것은 커다란 손실이다.

하루를 유익하게 보낸 사람은 하루의 보물을 파낸 것이다.

하루를 헛되이 보냄은 내 몸을 헛되이 소모하고 있다는 것을 기억해야 한다.

- 앙리 프레데리크 아미엘 -

주간 계획을 피드백 하는 방법

　시간을 분석하고 계획하는 것에서 끝날 것이 아니라 지속적으로 실천하는 것이 중요합니다. 이를 위해 시간 계획을 실천한 후 점검하는 것이 필요합니다. 그날그날 만족스러운 정도를 스스로 표시해보는 방법도 있고, 코칭해주는 교사(또는 부모)의 피드백을 받을 수도 있습니다. 다인수 학급에서 교사 한 사람이 다수의 학생을 지속적으로 피드백 하는 것은 현실적으로 어려움이 많습니다. 학급 내에서 서로의 시간 계획을 확인해 줄 수 있는 짝이나 모둠을 구성하여 피드백 하는 것이 좋은 대안이 될 수 있습니다. 방법은 다음과 같습니다.

1. 서로의 시간 계획을 확인해줄 수 있는 짝을 정합니다.

2. 자신의 시간 계획을 얼마나 잘 실천했는지 정도(○, △, ×)를 스스로 점검합니다.

3. 자기 점검 후, 짝과 함께 서로의 시간 계획을 어느 정도 실천했는지 점검합니다. 점검할 때, 짝은 친구의 얘기를 잘 들어줍니다. 이때 서로 주고받으며 피드백 할 수 있는 질문을 안내해줍니다.

4. 자기 점검, 짝(모둠) 점검을 위한 질문을 통해 시간관리를 점검하고 개선해나갈 수 있도록 합니다.

5. 일주일 동안 시간 계획을 성실히 수행한 후에는 다양한 방법으로 스스로 보상을 합니다.

피드백을 돕는데 유용한 팁을 소개합니다. 실천 여부를 점검하는 정량적 평가와 서술 형태의 정성적 평가를 활용하는 방법입니다.

● 시간 계획 목록 앞에 체크 박스(■)를 두어 스스로 실천 여부를 점검할 수 있도록 합니다.

● 시간 계획표 하단에는 '오늘 하루를 계획대로 지냈다고 생각하나요?'라는 질문에 대해 10점 만점 중 몇 점을 줄 것인지 점수를 쓴 다음 그 이유도 써 보도록 합니다. 또는 그날그날의 소감을 한 줄로 써 볼 수도 있습니다.

자기 점검 및 짝 점검을 위한 피드백용 핵심 질문에는 다음과 같은 예시 질문들이 있습니다.

- 일주일 생활을 되돌아보며 계획이 무너졌던 순간은 언제였나요?

- 계획대로 되지 못할 때, 계획대로 지키지 못한 요인은 무엇이었나요?

- 가장 뿌듯했던 시간은 언제였나요?

- 다시 3일을 보낸다면 다시 하고 싶지 않은 행동은 무엇인가요?

시간관리의 열매,
습관 세우기

이번 절에서는 계획을 세우고 실천하는 데 있어 중요한 습관에 관해 생각해보려고 합니다. 습관 형성이 왜 필요한지, 어떻게 하면 습관을 잘 형성할 수 있는지 알아보고 교실에서 실천 가능한 습관 세우기 프로젝트 적용 사례를 소개하겠습니다.

탈무드에 '나쁜 습관은 처음에는 방문자이고 다음에는 손님이며 결국에는 주인이 된다.'라는 말이 있습니다. 나쁜 습관은 처음엔 방문자로 찾아오지만 조금 시간이 지나면 손님이 되고 결국에는 삶의 주인으로 자리를 틀고 앉습니다. 다시 말해, 나쁜 습관은 한번 들기 시작하면 고치기가 참 어렵다는 말입니다. 습관이 형성되는 메커니즘을 적절하게 비유한 말입니다.

습관은 뇌가 만든 단축키

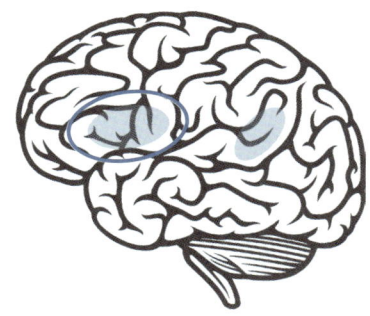

영어가 익숙하지 않은 경우

　최근 한 방송 프로그램[14]에서 습관과 관련된 실험을 하나 보여준 적이 있습니다. 습관이 됐을 때와 그렇지 않았을 때 뇌의 차이를 알아보는 실험이었습니다. 두 사람에게 영어 단어를 보여주고 틀린 단어를 찾게 하였습니다. 한 사람은 영어가 습관처럼 익숙한 사람이고, 한 사람은 영어가 익숙하지 않은 사람입니다. 그림에서 동그라미로 표시된 부분은 전두엽이라는 곳입니다. 이곳은 어떤 특정 과제를 수행할 때 인지적인 노력을 많이 들이면 활성화된다고 합니다. 영어가 익숙하지 않은 실험자가 영어가 능숙한 실험자에 비해 이 부분의 활성화가 두드러짐을 볼 수 있습니다. 다시 말해, 습관이 되면 더 적은 에너지로 효율적으로 그 일을 할 수 있게 됨을 보여주는 실험이었습니다.

　화장실 갈 때 불을 끄고 오는 습관을 갖게 되면 매번 화장실 갈 때마다 불을 껐나 안 껐나 생각하는데 드는 에너지 소모를 줄일 수 있습니다. 반복적으로 발생하는 문제를 만나면 우리의 뇌는 문제해결 과정을 자동화하기 시작하고 뇌가 생각하지 않아도 되는 행동들은 될 수 있으면 생각 안 하려고 합니다. 이것이 바로 '습관'입니다. 습관을 들이면 뇌가 일할 때 필요한 에너지 소모를 줄일 수 있습니다. 뇌는 효율적으로 일하기 위해 습관을 만들어냅니다. 다시 말해, 습관이 많아질수록 뇌는 더 효율적으로 일하게 됩니다.

공부도 습관이 되면 쉽다

마찬가지로 학습도 효율적으로 하려면 에너지를 적게 들이고도 그 일을 할 수 있게 하면 됩니다. 어려운 공부를 더 쉽게 하기 위해 습관이 필요한데 여기서 나쁜 습관을 없애기 위해 큰 노력을 들이기보다 좋은 습관으로 대체하려는 전략이 필요합니다. 좋은 습관이 많이 형성될수록 새로운 일을 도전할 기회가 많아집니다. 공부도 습관이 되면 쉽습니다.

습관을 들이려면 하기 쉬워야 한다

습관을 형성하려면 무엇보다 하기 쉽게 만들어야 합니다. 하기 쉬워야 많이, 자주 하게 됩니다. 뇌는 가급적 에너지를 아끼는 방향으로 움직이므로 어떤 일을 할 때 뇌의 저항이 적을수록 습관이 만들어질 확률이 높아집니다. '팔 굽혀 펴기 1개 하기'처럼 '그걸 목표라고?' 누가 봐도 코웃음 칠만한 아주 사소한 습관을 정합니다. 아주 작은 습관을 매일 실천함으로써 성공하는 경험을 하다 보면 목표를 조정하게 됩니다.

여기서 주의할 것이 있습니다. 어른들은 학생들이 작은 목표를 세우면 이를 존중하기보다는 좀 더 높은 목표로 수정하도록 피드백 한다는 것입니다. 예를 들면, 어떤 학생이 '하루에 30분 수학 공부하기'를 목표를 세워오면 "이제 고등학교 갈 준비도 해야 하는데 수학 공부 2시간은 해야 하는거 아니니?"라고 말한다는 겁니다. 그러나 습관 형성을 도우려면 거꾸로 피드백 해 주어야 합니다. 학생들이 세워온 목표를 더 작은, 더 쉬운 목표로 수정하여 매일의 성공을 경험하도록 하는 것입니다. 습관을 들이기 쉽게 만드는 여러 가지 방법이 있습니다.

첫째, 습관에 시간과 장소를 부여합니다.

이 원리를 가장 잘 설명할 수 있는 예가 약사들이 하루에 3번 약을 먹도록 하기 위해 "식후 30분 후에 약을 드세요."라고 말하는 것입니다. 학생들의 예를 들면 "자기 전에 10분간 침대에서 책을 읽겠다."라고 목표를 세우는 것과 같은 것이 될 수 있습니다.

둘째, 습관은 그것이 생활 흐름에 적합한 것일 때 들이기 쉬워집니다.

그래서 현재 자신이 하는 습관에 새로운 습관을 짝을 지어 습관을 세울 수 있습니다. 예를 들면 버스 탔을 때 영어 단어 외우기, 집에 오면 바로 세면하기, 저녁 먹고 바로 양치하기와 같은 예가 그것입니다.

셋째, 새로운 습관을 세우려 할 때 첫 시작을 쉽게 하는 것입니다.

습관은 그 습관을 들이는 시간보다 횟수가 더 중요합니다. 행동을 방해하는 마찰을 줄임으로써 연습할 기회를 많이 얻도록 하는 것입니다. 그러려면 습관을 실행하기 쉬운 환경을 조성하는 것이 중요합니다. 새로운 습관을 시작할 때 그 일의 첫 시작을 쉽게 하여 실행하려는 습관이 자리 잡도록 합니다. 일종의 일상적 습관을 실행하기 위한 의식에 해당한다고 볼 수 있습니다. 예를 들면, 다음과 같습니다.

- 오늘 요가를 해야지 → 요가 매트를 깔아야지

- 수업 시간에 공부해야지 → 노트를 펼쳐야지

- 저녁에 30분 걷기 → 운동화 끈을 묶어야지

함께 하면 습관을 들이기 쉬워진다

인간은 집단이 하는 행동을 따르는 것, 집단 어딘가에 소속되는 것을 원합니다. 습관은 모방하고자 하는 경향이 있습니다. 습관을 세우는 효율적인 방법으로는 내가 원하는 행동을 하는 집단에 소속되는 것입니다. 특히 학생들은 또래 집단의 영향을 많이 받기 때문에 함께 습관을 형성하길 원하는 그룹을 만들어주면 그 습관을 형성할 확률이 높아집니다. 혼자 할 때보다는 함께 할 때 습관을 유지할 가능성이 높아지는 것입니다.

함께 하는 방법으로 첫째, 습관을 함께 만들려는 친구들과의 소통의 공간을 활용합니다. 예를 들어 SNS를 활용하면 서로가 서로에게 자극과 격려를 나눌 수 있고 소속감, 인정, 격려 등의 긍정적 효과를 가져 올 수 있습니다. 둘째, 교내 자율 동아리를 활용할 수도 있습니다. 예를 들어 독서 습관을 들이기 위해 독서 동아리를 만들어서 운영할 수도 있습니다. 어떤 학교에서는 '미라클 모닝'이라는 자기 계발 서적을 읽고 감명 받은 학생들이 자발적으로 '미모'라는 아침 독서 자율동아리를 결성하여 활동한 사례도 있습니다. 셋째, 각자가 세운 습관 목록을 교실 게시판이나 사물함에 게시하는 방법도 좋습니다.

긍정적인 피드백과 보상

마지막으로 긍정적인 피드백과 보상이 중요합니다. 피드백과 보상은 끝까지 가도록 하는 힘이 됩니다. 좋은 습관은 그 자체가 보상됩니다. 그런데도 즉각적인 보상을 해야 하는 이유는 초기에 할 수 있도록 유지해주기 때문입니다. 즐거운 감정은 즉각적인 보상의 한 예가 될 수 있습니다.

예를 들자면 열악한 위생 상황을 개선하기 위해 손 씻는 습관이 필요합니다. 이때 손 씻는 습관을 들이기 위해 거품이 많고 향이 좋은 비누를 공급함으로써 즐거운 감정을 제공하도록 합니다. 이 즐거운 감정은 그 행동을 다시 할 만한 가치가 있다고 뇌에 전달하게 되고 긍정적인 감정은 습관을 만들도록 합니다. 반대로 부정적인 감정은 습관을 파괴합니다. 아주 작은 보상의 힘을 활용하면 긍정적인 감정을 주고 습관을 형성하는 데 도움을 줍니다.

'더블 30 습관 형성 프로젝트'

지금까지 습관 형성의 중요성과 습관을 세우는 데 중요한 원리를 살펴보았습니다. 이를 적용하여 실제로 학생들과 '더블 30 습관 형성 프로젝트'를 실천해보았습니다. 이는 실천하고자 하는 습관 행동을 정하여 60일 동안 꾸준히 실천하는 습관 형성 프로젝트로, 만들고 싶은 대표 습관 정하기, 습관 실천하기, 피드백하기의 3단계를 거쳐 실천하였습니다.

60일이면 되나요?

왜 60일일까요? 60일간 실천하면 정말 습관이 형성되는 걸까요? 영국 런던의

한 대학, 제인 워들 교수의 연구 주제도 이와 연관된 것입니다. 제인 워들 교수는 '며칠간 빠짐없이 반복해야 습관이 되는지' 연구한 결과 사람마다, 만들려는 습관마다, 조금의 차이는 있지만 약 2개월이면 충분하다는 결과를 얻었다고 하였습니다. 학생들의 학교생활 주기 역시 1·2차 지필평가를 기준으로 2개월 정도의 간격이 있습니다. 습관이 형성되기까지 누구는 21일, 누구는 한 달, 누구는 60일이라고 합니다. 사람마다 다르기 때문에 어느 것 하나가 정답은 아닙니다. 더블 30 습관 형성 프로젝트는 한 달을 한 텀으로 하여 2개월, 60일간 진행하는 습관 형성 프로젝트입니다.

1단계 : 만들고 싶은 대표 습관 정하기

먼저 학생들이 스스로 만들고 싶거나 버리고 싶은 습관을 정하도록 합니다. 학생들이 스스로 정한 습관일수록, 도전할 만하고 실현 가능한 습관일수록 지킬 힘이 생깁니다. 이 활동은 학생들이 만들고 싶은 습관과 버리고 싶은 습관 목록을 적어보며 그중에서 가장 실천해보고 싶은 대표 습관을 선택하도록 하는 활동입니다. 활동 방법은 다음과 같습니다.

① 만들고 싶거나 버리고 싶은 공부 습관 목록을 작성한다.

② 목록 중에 꼭 만들고(또는 버리고) 싶은 습관 6가지를 선택하여 별(☆) 한 개를 그린다.

③ 6가지 중에 다시 4가지를 선택하여 별(☆) 한 개를 더 그린다.

④ 마지막으로 4가지 중에 최종 1~2가지를 선택하여 별(☆) 한 개를 더 그린다.
  (최종 대표 습관은 별 3개가 그려 짐)

2단계 : 습관 실천하기

습관 실천을 가시적으로 확인하기 위해 습관 달력을 활용하였습니다. 그림처럼 활동지에 실천하고자 하는 대표 습관을 기록하고 실행할 날짜를 씁니다. 매일 실행한 후 'O, △, X'로 결과를 기록하여 스스로 점검하였습니다. 이를 통해 자기 스스로 매일 점검하고 작은 성공의 경험을 누적할 수 있었습니다.

습관	1일 (12/1)	2일 (12/3)	3일 (12/3)	4일 (12/4)	5일 (12/5)	6일 (12/6)	7일 (12/7)	8일 (12/8)	9일 (12/9)	10일 (12/10)	11일 (12/11)	12일 (12/12)	13일 (12/13)	14일 (12/14)	15일 (12/15)
1 식품읽기 30개 (3세트) (식사 후 1번 욕심)	O		**대표 습관 기록** 1. 윗몸일으키기 30개(3세트) 2. 스쿼트 30개(3세트) 3. 팔굽혀펴기 30개(3세트)						O	O		O	O	O	
2 스쿼트 30개 (3세트) (취침 전 1번 욕심)	X								O		O	O	X	O	
3 팔굽혀펴기 30개 (3세트) (△)	O	X		O	O	X				O	O		X	O	

습관	16일 (12/16)	17일 (12/17)	18일 (12/18)	19일 (12/19)	20일 (12/20)	21일 (12/21)	22일 (12/22)	23일 (12/23)	24일 (12/24)	25일 (12/25)	26일 (12/26)	27일 (12/27)	28일 (12/28)	29일 (12/29)	30일 (12/30)
1		O	O	O	O	O	O		**실행 날짜 기록**				O		
2		O	O	O	O	O	O					O	O	O	
3		O	O	O	O	O			**매일 "O, △, X"로 결과를 기록**						O

습관 실천을 돕는 방법으로 그림처럼 습관 달력을 사물함이나 방문과 같이 잘 보이는 곳에 붙입니다. 가까운 사람의 도움과 인정이 중요한 피드백이 되기 때문입니다.

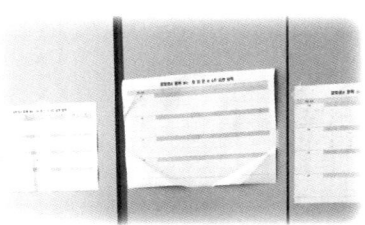

사물함에 습관 달력 붙이기

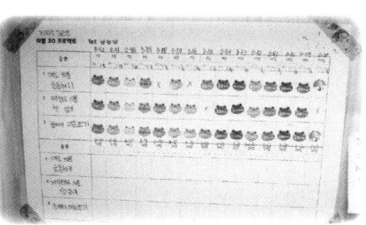

방 문에 습관 달력 붙이기

그리고 꼭 해야 하는 것부터, 지킬 수 있는 만큼, 쉽고 작은 것으로 시작하도록 조언합니다. 매일 하는 것이 중요합니다. 매일 지속적으로 실천함으로써 작은 성공의 경험을 누적하도록 합니다.

3단계 : 피드백

마지막 단계는 피드백입니다. 무엇보다 스스로 하는 셀프 피드백이 중요합니다. 매일 실천한 것에 대해 스스로 점검하며 체크합니다. 한 주 실천하고서 공부 짝이나 모둠 친구들과의 점검을 통해 서로 격려하고 인정해주는 시간을 가집니다. 그리고 교사의 피드백을 통해 적절한 도움을 받을 수 있도록 합니다. 교사의 칭찬, 조언을 통해 실천을 보완합니다. 습관 피드백을 위해 필요한 질문으로는 다음과 같은 것들이 있습니다.

> ① 오늘 잘 실천했나요?
>
> ② 오늘 실천을 못 했던 이유는?
>
> ③ 나에게 용기를 주는 한 마디?

다음은 학생들과 실천했던 활동 사례입니다.

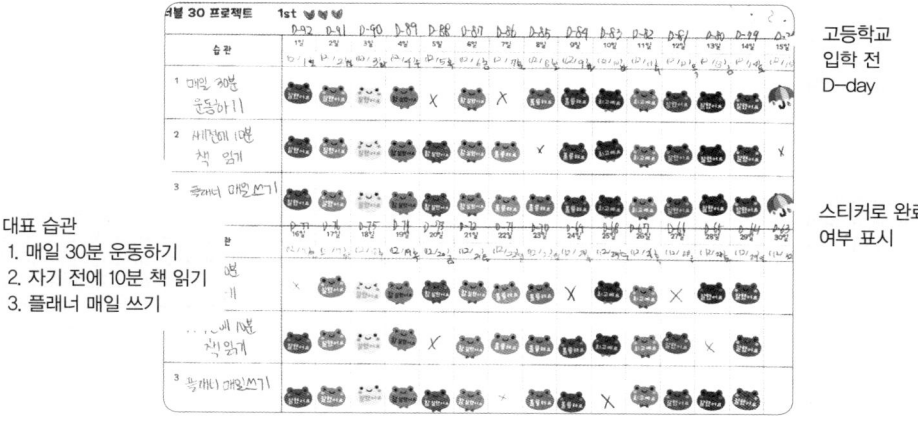

고등학교
입학 전
D—day

대표 습관
1. 매일 30분 운동하기
2. 자기 전에 10분 책 읽기
3. 플래너 매일 쓰기

스티커로 완료
여부 표시

피드백/실천 소감
1. 선생님께서 대화방에 공유해 준 멘트가 힘이 되었어요.
2. 친구들이랑 함께 하니 자극이 되었어요.
3. 자기 전 10분 했던 책 읽기가 쌓여서 한 달 동안 4권의 책을 읽었어요. 뿌듯 했어요.
4. 책 읽는 시간이 조금씩 늘어나요.
5. 처음에는 잘 읽히는 책을 주로 읽었는데 다음주터는 고등 필독 도서 도전하려고요.

이 친구의 경우 자신이 고등학교 입학까지 얼마나 남았는지 체크를 하였습니다. 습관 목록 선정 시 했던 교사의 피드백을 반영해서 습관을 수정하기도 했습니다. 그냥 책 읽기가 아니라 자기 전 책 읽기, 자기 전 10분 책 읽기로 조정하였습니다. 실천한 목록에 스티커를 붙이면서 완료 여부를 표시합니다.

지금까지 습관 형성의 원리와 실천 사례를 알아보았습니다. "인생을 변화시키는 것은 매일, 스스로 하는 것 뿐이다."라는 말에서도 알 수 있듯이 기적은 오랜 습관에서 나오며, 계획의 최고 단계는 매일 스스로 하는 것 즉, 습관으로 몸에 붙는 것입니다.

숙고와 복기의 시간,
피드백

시간 계획을 세우고 실천하는 것만큼이나 중요한 것이 바로 돌아보고 성찰하는 피드백 과정입니다. 계획을 세우는 것이 끝이 아니라 꾸준하게 실천하고 습관을 들이는 것 그리고 그것을 돌아보고 다시 나의 계획과 실천에 반영함으로써 지속할 수 있도록 하는 것이 중요합니다.

숙고와 복기

숙고와 복기라는 말을 들어보셨을 것입니다. 숙고(熟考)는 어려운 일이나 문제를 곰곰이 잘 생각한다는 뜻입니다. 바둑 용어인 복기(復碁)는 바둑을 다 둔 후, 그 경과를 검토하기 위하여 처음부터 다시 그 순서대로 벌여 놓는 것을 말합니다. 피드백은 숙고하고 복기하는 것과 같습니다. 자신의 시간 계획과 습관에 대해 주기적인 숙고와 복기의 시간을 가지는 것이 필요합니다. 그렇다고 너무 자주 피드백

하는 것은 거울을 코앞에 두고 자신의 모습을 비춰보는 것과 같습니다. 매번 부족한 부분을 보다보면 큰 그림을 못 볼 수 있습니다. 반대로 한 번도 피드백하지 않는 것은 거울을 한 번도 보지 않는 것과 같습니다. 쉽게 수정할 수 있는 부분조차 모르고 지나갈 수 있기 때문입니다.

피드백의 중요성

피드백은 어떤 행동을 하고 그 행동의 결과를 토대로 다음 행동의 방향을 결정하는 것으로 목표와 계획, 실행(습관 형성)의 과정에서 잘한 점은 칭찬, 부족한 점은 보완하도록 격려하여 다음 행동에 반영하는 일입니다. 보다 효과적인 성장을 위해서는 지나간 시간을 돌아보고 피드백 하는 시간이 꼭 필요합니다.

'두 사람의 나무꾼에게 같은 시간을 주고
누가 더 나무를 많이 패나 내기를 했습니다.
한 사람은 쉬지 않고 계속 나무를 패고,
한 사람은 중간에 몇 번씩 도끼날을 갈아가며 나무를 했지요.
여러 번 도끼날을 가는 시간이 꽤 걸렸을 겁니다.
결과적으로 두 사람 중 누가 더 나무를 많이 팼을까요?'

바로 피드백은 나무꾼에게 있어 도끼날을 가는 것과 같습니다. 도끼날을 가는 과정이 쉽진 않겠지만 중간 중간 날을 갈아줌으로써 나무를 패는 힘을 덜고 오히려 더 많은 나무를 벨 수 있게 되는 것입니다. 목표 세우기, 우선순위를 반영한 시간 계획 세우기, 나에게 필요한 공부 습관 세우기 등 중요한 시간관리의 단계마다 잠시 멈추어 도끼날을 가는 시간이 필요합니다. 스스로 성찰하고 돌아보지 않으면 성장할 수 없기 때문입니다.

피드백의 방식

셀프 피드백

'측정하지 않으면 관리할 수 없다.'라는 말이 있습니다. 공부에 영향을 주는 평소의 공부 습관이나 환경을 관찰하고 기록해보면 개선할 점이 보입니다. 셀프 피드백을 하는 방법으로 습관 실천 여부나 할 일의 완료 여부, 만족도 등을 기호를 활용하여 표시할 수 있습니다. 또한 피드백을 위한 학습지를 활용하여 스스로 잘한 점, 문제점을 간단하게라도 기록하며 보완할 점을 적어 보는 것도 좋습니다.

다음은 학습지를 활용하여 주간 계획을 피드백 한 사례입니다.

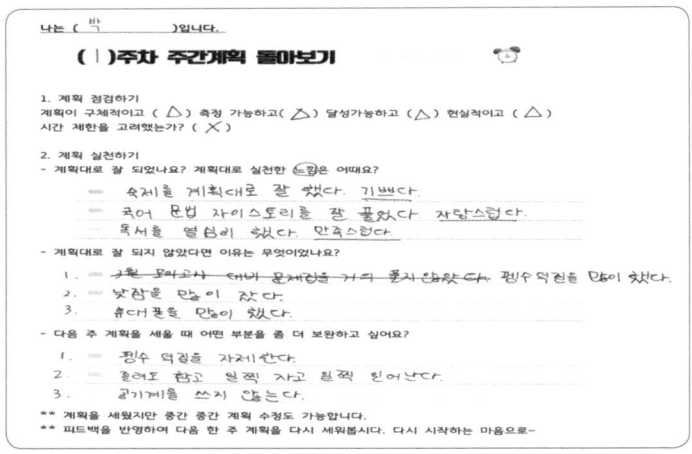

동료 피드백

다인수 학급에서 교사 한 사람이 다수의 학생들을 지속적으로 피드백 하는 것은 현실적으로 어려움이 많습니다. 학급 내에서 서로의 시간 계획을 확인해 줄 수 있는 공부 짝이나 모둠을 구성하여 피드백 하는 것이 좋은 대안이 될 수 있습니다. 동료 피드백을 위한 질문을 활용하여 서로 피드백 할 수 있습니다.

- 목표를 어느 정도 달성했는가?
- 스스로 잘한 점은 무엇인가?
- 놓치거나 제대로 실행되지 않아 아쉬운 점은 무엇인가?
- 어떤 부분을 보완하면 될까?

교사 또는 학부모의 피드백

마지막으로 교사 또는 학부모의 피드백이 있습니다. SNS를 적극 활용할 수 있고 주간 계획이나 습관 실천을 가지고 학부모와 소통하거나 개인 상담의 일환으로 활용할 수 있습니다.

피드백 사례

　　이 학생의 경우 1주 차 주간 계획표와 2주 차 주간 계획표 양식을 다르게 선택했습니다. 친구들이 하는 걸 보고 본인도 도전하며 스스로 공부를 얼마나 하는지 시간을 체크해보고 싶다고 했습니다. 이 학생에게는 가능하면 일정한 시간에 공부하려는 습관을 가지도록 피드백 하였습니다. 이 학생의 계획표에서 한 가지 더 눈에 띄었던 부분은 스스로 체크하는 하루 생활 만족도를 꽤 높게 평가했던 것이었습니다. 이 학생은 하루 일과 중에 나름대로 자신이 하려는 일들 예를 들면 봉사하기, 엄마랑 시간 보내기 등을 했습니다. 보통 교사들은 주간 계획표를 점검할 때 공부 시간을 위주로 보게 되는데 이 학생의 주간 계획표를 점검하면서 교사가 피드백 할 때 주의할 것이 무엇인지 다시금 성찰할 수 있었습니다.

더블 30 프로젝트 1st 조민표

습관	1일 (12/1)	2일 (12/2)	3일 (12/3)	4일 (12/4)	5일 (12/5)	6일 (12/6)	7일 (12/7)	8일 (12/8)	9일 (12/9)	10일 (12/10)	11일 (12/11)	12일 (12/12)	13일 (12/13)	14일 (12/14)	15일 (12/15)
1. 식물 물주기 30개 (3세트) (세트 후 1분 휴식)	O	O	O	O	O	O	X	O	O						
2. 스쿼트 30개 (3세트) (1세트 후 1분 휴식)	X	X	O	O	O	O	X	O							
3. 팔굽혀 펴기 30개 (3세트)	O	X	O	O	O	O	O	O							

습관	16일	17일	18일	19일	20일	21일	22일	23일	24일						
1															
2															

야, 매일 매일 잘하고 있네. 뭔가 가진 잠재력이 작은 습관을 통해 깨어나길 기대한다. 주간계획도 한주터 실천해보긴 괜찮다. - 백, 샘 -

1주 실천 후 교사의
피드백 (짧은 메모 형식)

습관	1일 (12/1)	2일 (12/2)	3일 (12/3)	4일 (12/4)	5일 (12/5)	6일 (12/6)	7일 (12/7)	8일 (12/8)	9일 (12/9)	10일 (12/10)	11일 (12/11)	12일 (12/12)	13일 (12/13)	14일 (12/14)	15일 (12/15)
1. 윗몸일으키기 30개 (3세트) (1세트 후 1분 휴식)	O	O	O	O			X		O	O	O			X	X
2. 스쿼트 30개 (3세트) (1세트 후 1분 휴식)	X	O	O	O		X		O		O	X	O		X	O
3. 팔굽혀 펴기 30개 (3세트) (1세트 후 1분 휴식)															

▶ 너무 과한 목표가 아니냐고 질문
　　→ 평소 매일 20개씩 하는데 10개를 늘려서 해 보겠다고 목표를 정함
▶ 실제로 70% 정도의 성공률을 보임
▶ 스스로 자신의 실천 정도에 굉장히 만족함
▶ 체육 교사가 되고 싶은 아이라 체력 관리 습관을 꾸준히
　 유지하고 싶어 함

습관															
1															
2															
3	O	O	O	O	O	O	O	O		O	X	X		O	O

또 다른 학생의 피드백 사례를 들자면, 습관 프로젝트를 진행할 때 목표로 하는 대표 습관을 지나치게 높게 설정한 것이 아닌가하는 생각에 목표 습관을 조정해보는 것이 어떻겠냐고 피드백 하였습니다. 그런데 이 학생의 답변은 '원래 매일 20개씩 3세트를 하고 있는데 10개씩만 더 늘려보겠다'라고 도전한 것이라며 자신에게는 그렇게 높은 목표가 아니라고 했습니다. 체육 교사가 되고 싶은 학생이었는데 체력 관리 습관을 꾸준히 유지하고 싶어 했고 실제로 70 퍼센트 정도의 성공률을 보였습니다. 이 학생은 스스로 세운 목표를 이만큼 실천한 자신에게 굉장히 만족해했습니다.

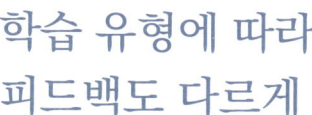

학습 유형에 따라
피드백도 다르게

시간관리 역시 다른 전략과 마찬가지로 학습 유형에 따라 코칭을 달리할 필요가 있습니다. 학습 유형에 따라 시간관리의 필요성에 대해 느끼는 정도도 다르고 시간 계획을 세우는 방식도 다르기 때문입니다. 각 유형별 특징을 이해하고 그에 적합한 시간관리 코칭을 하는 것이 중요합니다.

네모형과 세모형의 시간관리 특징 및 피드백

제가 만난 학생 중에 한 학생은 정말 계획을 꼼꼼하게 세우고 규칙적인 일과대로 생활하는 것을 선호하는 전형적인 네모형 학생이었습니다. 시간관리를 잘하고 있기 때문에 저의 코칭이 필요 없을 것 같은데도 시간관리 수업을 더 잘 경청하는 학생이었습니다. 이 학생의 계획표를 보면 하루 일과가 늘 빈틈없이 짜여져 있어서 계획한 대로 할 일을 다 하지 못했을 때 스트레스를 받습니다. 이 학생을 위해서는 덜 급하지만 중요한 것을 먼저 하도록 코칭 하고 좀 더 여유 있게 시간을 계획하도록 도와주는 것이 필요합니다.

세모형의 경우는 다른 사람이 짜놓은 틀을 따르는 것을 싫어하고, 목표 유무가 중요합니다. 이 유형의 학생에게는 시간관리에 대한 동기를 세우기 위해 목표가 분명하게 설 수 있도록 코칭해주는 것이 좋고 계획을 구체적으로 세워보라고 조언합니다.

동그라미형과 별형의 시간관리 특징 및 피드백

동그라미형은 무엇보다 꾸준하게 하는 것을 지루해합니다. 그러면서도 관계 중심이라 다른 사람을 실망시키고 싶어 하지 않습니다. 동그라미형 학생들을 돕는 방법은 우선순위를 반영한 To Do List 중심으로 기록하는 양식이 도움이 되며, 마감일을 적도록 하여 기한 안에 일을 마무리할 수 있도록 안내하는 것이 도움이 됩니다. 그리고 꾸준히 시간관리를 피드백 할 수 있는 친구를 만나게 해주는 것도 좋습니다.

마지막으로 별형 학생들은 지금 당장 흥미로운 일들로 인해 시작한 일을 마무리하는데 어려움이 있고, 여기저기 관심이 많다 보니 많은 일을 하려는 경향이 있습니다. 별형 학생을 도우려면 선호하지 않는 일이라도 성실하게 끝까지 할 수 있도록 도와야 합니다. 또한 해야 될 일을 즐겁게 할 수 있는 분위기를 조성하는 것이 중요합니다.

지금까지 네 가지 학습 유형의 시간관리의 특징과 이들에게 필요한 피드백에 대한 부분을 살펴보았습니다. 이를 정리하면 다음 표와 같습니다.

학습 유형	특징	성장을 위한 코칭 포인트
네모형	● 계획을 꼼꼼하게 세우고 규칙적인 일과대로 생활하는 것을 선호함 ● 가장 시간관리를 잘하는 유형임에도 시간을 효율적으로 사용하는 법을 자세히 알고 싶어함	● 덜 급하지만 중요한 것을 먼저 하도록 코칭 ● 좀 더 여유 있게 시간을 계획하도록 도와주어야 함
세모형	● 일 중심, 목적 지향적 ● 다른 사람이 짜 놓은 틀을 따르는 것을 싫어함 ● 목표가 설정되면 추진력이 있고 활기가 넘침 ● 목표가 상실되면 스트레스를 많이 받음	● 시간 계획을 좀 더 구체적으로 세울 수 있게 조언함 ● 시간관리에 대한 동기가 세워질 수 있게 목표를 세우도록 코칭함
동그라미형	● 꾸준하게 지속해서 하는 일을 지루해함 ● 다른 사람을 실망시키고 싶어 하지 않음	● 우선순위를 반영한 To Do List 중심으로 기록하는 양식이 도움이 됨 ● 마감일을 적게 하여 기한 안에 일을 마무리할 수 있도록 안내하는 것이 도움이 됨
별형	● 지금 당장 흥미로운 일들로 인해 시작한 일을 마무리하는 데 어려움이 있음 ● 많은 일을 하려는 경향이 있음	● 선호하지 않는 일이라도 성실하게 끝까지 할 수 있도록 지도함 ● 해야 할 일을 즐겁게 할 수 있는 분위기를 조성하는 것이 필요함

제 **10** 장

학습코칭을 통한 성장 이야기

학습코칭연구회를 통한 교사들의 성장

●

학습코칭을 통한 학생들의 성장

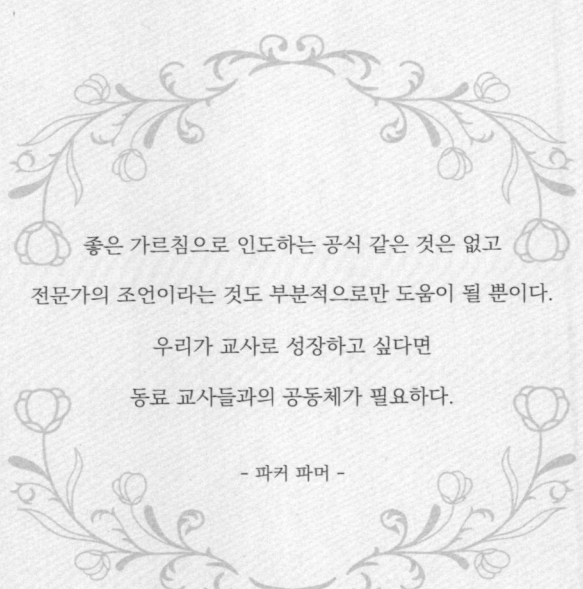

좋은 가르침으로 인도하는 공식 같은 것은 없고

전문가의 조언이라는 것도 부분적으로만 도움이 될 뿐이다.

우리가 교사로 성장하고 싶다면

동료 교사들과의 공동체가 필요하다.

- 파커 파머 -

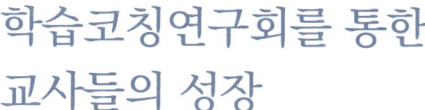

학습코칭연구회를 통한
교사들의 성장

교사의 성장을 말할 때 머릿 속에서 어떤 단어가 가장 먼저 떠오르세요? 교사는 어떻게 성장할 수 있을까요? 교사 성장과 관련하여 사람들마다 다양한 생각을 가지고 있기 때문에 몇 가지로 단정짓기는 어렵습니다. 하지만 학습코칭연구회 교사들의 성장 경험을 통해 중요하다고 생각되는 성장 요소 세 가지를 말씀드리고 싶습니다. 세 가지 요소는 바로 공동체, 전문성, 관계입니다. 학습코칭연구회를 통해 어떻게 이 세 요소를 경험하며 교사로서 깊고 넓게 성장할 수 있었는지 나누고자 합니다.

공동체

교사 성장을 위해 필요한 첫 번째 요소는 공동체입니다.

파커 파머는 "좋은 가르침으로 인도하는 공식 같은 것은 없고 전문가의 조언이라는 것도 부분적으로만 도움이 될 뿐이다."라고 말하면서 교사로 성장하고 싶다면 동료 교사들과의 공동체가 필요하다고 말하였습니다.

그렇다면 교사의 성장을 위해 왜 공동체가 필요할까요?

지능정보사회로 대표되는 사회의 급속한 변화로 인해 교사가 가르쳐야 할 교과 내용은 교사 혼자서 따라잡기 힘든 수준으로 팽창되어 있습니다. 메타인지, 협동학습 등 다양한 교수 스타일과 방법에 대한 지식도 급증하고 있어 어떤 교사도 이 모든 교수방법에 정통할 수 없습니다. 그리고 우리 교실은 이제까지 경험해 보지 못한 복잡한 문제가 하루가 다르게 일상적으로 일어나는 공간으로 변하고 있습니다. 어느 한 교사가 해결할 수 있는 수준을 넘어서는 일들이 벌어지고 있습니다. 교실에서 일어나는 이러한 문제에 대해 교사가 개인기를 발휘해 해결하도록 강요하기보다는 교사가 서로의 지혜를 모아 나가는 협력의 장으로 변화시켜야 합니다. 김현수(2013)는 교사 내면의 상처에 대해 파커 파머의 말을 빌어 '작은 모임'이나 '공동체 결성하기'를 처방전으로 제시합니다. 교사들은 수업을 사적인 것으로 인식하는 경향이 강한데 수업은 공적인 것이며 따라서 공적인 행위인 수업을 위해서 교사들끼리 마음을 열고 협력하는 구조를 만들어 가야한다고 이야기합니다.

그렇다면 학습코칭연구회는 어떤 공동체이기에 지속적으로 성장할 수 있었는지 그 성장 요인을 3가지로 설명하고자 합니다. 첫 번째는 **자발성**입니다. 학습코칭연구회는 한 주제에 대해 관심 있는 선생님들이 자발적으로 모인 전문학습공동체입니다. 좋은 의도로 만들어진 전문학습공동체라도 교사의 자발성이 결여될 때 형식적으로 진행되고 교사의 성장으로 이어지지 못합니다. 두 번째는 함께 협업하는 공동체라는 것입니다. 만약 누군가 혼자 학습코칭을 실천하고 연구했다면 오랜 시간 동안 지속적으로 성장하기는 어려웠을 것입니다. 그러나 학습코칭연구회는 다양한 유형의 교사들이 서로의 부족함을 채우고 서로를 지지해주며 오랜 시간 함께 했습니다. 세 번째는 새로운 일에 도전하는 공동체라는 것입니다. 연구의 결과물을 꾸준히 축적하여 책을 출판하고 연수를 진행하는 등 새로운 일에 도전했던 것이 성장의 요인이 되었습니다. 물론 그 과정이 쉽지는 않았습니다. 새롭게 도전한 과제가 벅차고 힘이 들기도 했지만, 함께 해내는 과정에서 함께 성장할 수 있었습니다. '혼자 가면 빨리 가지만, 함께 가면 멀리 간다.'는 아프리카 속담처럼 공동체로 함께했기 때문에 지속적으로 성장할 수 있었습니다.

전문성

교사 성장에 필요한 두 번째 요소는 전문성입니다.

저의 경우 용기를 내어 동료들에게 교실문을 연 것이 전문성을 높이는 계기가 되었습니다. 교사는 학생들 앞에서 가르치지만 대부분 동료들이 보지 않는 곳에서 혼자 수업을 합니다. 이에 반해 변호사는 다른 변호사들 앞에서 자신의 담당 사건을 변호하고, 외과의사도 전문가가 보는 앞에서 수술을 합니다. 그래서 실수할 가능성이 적어지고 전문성이 커집니다. 하지만 교사는 교실에 들어가는 순간 문을 닫고 교실에서 벌어진 일이나 자신의 경험을 거의 이야기하지 않습니다. 특히 실패하고 힘든 경험을 잘 이야기하지 않습니다. 자신이 무능한 교사로 보일까 두렵기 때문입니다. 저는 학습코칭을 적용한 수업을 학부모와 후배 교사들에게 열었습니다. 처음에는 교실을 여는 것이 부담이 되었지만 용기를 내어 문을 열어보니, 배우는 것도 가르치는 것도 편하기만 한 상황에서는 성장이 어렵다는 것을 경험적으로 배우는 시간이었습니다.

전문성을 높이려면 지속적인 연구와 실천이 필요합니다. 책을 읽고 새로운 이론을 공부하고 아는 것에 머무르지 않고, 자신의 수업 속에서 적용해보고 실천하는 자세가 필요합니다. 그리고 그 실천의 결과를 교사와 학생과의 지속적인 피드백을 주고받으면서 전문성이 성장할 수 있습니다. 때로는 교사들 사이의 냉철한 피드백을 통해, 때로는 학생들의 성장 과정에서 전해주는 피드백을 통해 지속적으로 전문성을 쌓아갈 수 있었습니다.

관계

교사 성장에 필요한 세 번째 요소는 관계입니다.

연구회 선생님들은 도형심리학을 공부하면서 유형에 따른 특징을 알게 되면서 서로에 대해 더 깊이 이해하게 되었습니다. 자신이 네모형 교사인 줄 알았는데 함께 연구해가며 세모형 교사라는 것을 깨닫게 되었다는 한 선생님의 이야기를 듣고 '아, 그래서 그런 모습이 보였구나.'하고 그 선생님을 더욱 더 이해하게 되었습니다. 갈등으로 이어질 수 있는 일도 서로에 대한 이해가 바탕이 되다 보니 부족한 부분을 함께 보완해가며 성장하게 되었습니다.

그러나 이해하는 것만으로는 부족합니다. 이해를 통해 신뢰로 나아가야 합니다. 그러나 신뢰는 하루아침에 생기는 것이 아닙니다. 연구회 선생님들도 크고 작은 갈등이 있었습니다. 그러나 서로에 대한 신뢰가 있었기에 서로의 생각과 마음을 이야기하며 풀어갈 수 있습니다. 이해가 바탕이 되어도 갈등이 생길 수 있습니다. 갈등이 있을 때 어떻게 풀어가느냐에 따라 더 깊은 갈등으로 이어질 수도 있고, 한 걸음 더 신뢰로 나아갈 수도 있습니다.

관계에 있어 이해와 신뢰만큼이나 중요한 것이 바로 책임을 공유하는 것입니다. 맡겨진 일마다 해야 할 책임을 공유하였고 이 또한 자발적으로 자신이 잘 할 수

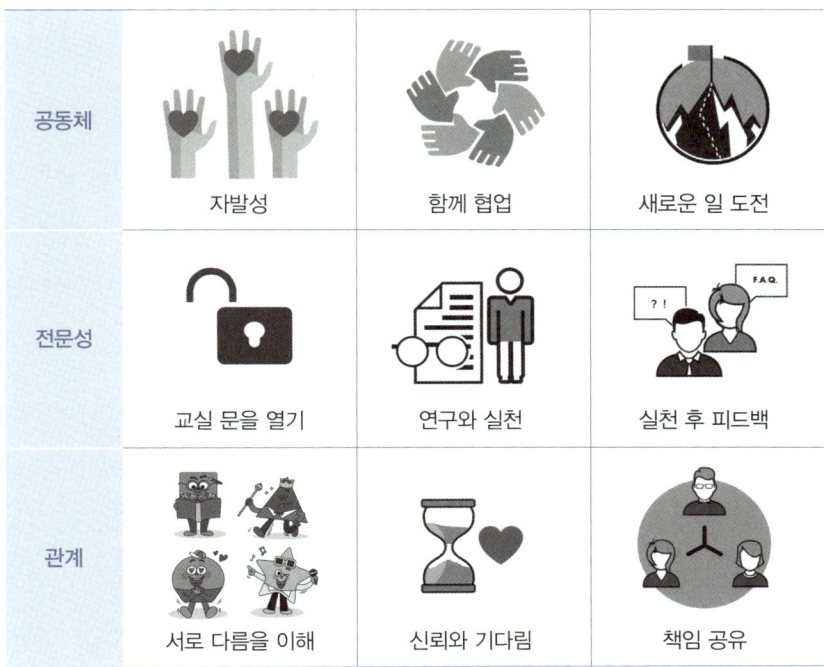

학습코칭연구회의 지속적 성공 요인

공동체	자발성	함께 협업	새로운 일 도전
전문성	교실 문을 열기	연구와 실천	실천 후 피드백
관계	서로 다름을 이해	신뢰와 기다림	책임 공유

있는 일은 자원하여 감당하였습니다. 경험이 필요한 일은 경험이 많은 선생님들이 자발적으로 일을 맡아주었습니다. 누구 한 사람이 혼자 모든 것을 짊어질 수 없습니다. 짐을 나눔으로써 관계가 이어지며 성장할 수 있습니다.

일본의 후쿠이현은 정부가 조사한 행복도 조사에서 전국 1위, 초·중학생 학력평가 1위인데도 불구하고 초·중학교 학생 중 학원에 다니는 비율이 전국 평균보다 낮았습니다. 교사를 통해 학교를 바꾸어가자는 시도를 한 후쿠이대학교 교직대학원의 마쓰키 겐이치 부속학원장은 원형 탁자에서의 나눔을 통해 시작된 기적을 이렇게 말했습니다(후지요시 마사하루, 2016).

"교사는 혼자서 바쁘게 이리저리 뛰어다닐 뿐 다른 사람과 토론하는 행위는 거의 하지 않습니다. 자신의 생각이나 소중하게 여기는 생각 등을 남 앞에서 말한 경험이 없습니다. 그래서 자신이 중요하다고 생각하는 것을 이야기하는 것부터 시작했습니다."

학습코칭연구회 선생님들도 서로 바빠서 모일 시간을 정하는 것이 가장 어려웠지만 모여서 이야기할 때 훨씬 더 성장하고 효율적으로 일을 할 수 있었습니다. 선생님들과 만남이 이어지면서 차 한 잔 마시고 헤어지는 가벼운 관계에서는 얻을 수 없는 것을 오랜 시간 함께 이야기하며 얻을 수 있었습니다.

선생님들이 학습코칭 연수를 받거나 책을 읽은 후 자신의 교실에서 학습코칭을 적용하다보면 예상대로 되지 않는 경우가 있습니다. 지식이 탈맥락화 될 때 힘을 잃는 경우가 많습니다. 만약 학교 안에 전문적학습공동체가 있다면 실천 과정의 어려움을 함께 공유하고 어려움을 극복할 수 있는 방법을 함께 찾아가며 배움이 실천으로 이어질 수 있도록 힘을 모을 수 있을 것입니다. 학생들에게 협력하라고 이야기하면서 실제로 선생님들은 협력하지 않는 것이 현실입니다. 공동체에서 협력을 통해 성장한 경험이 있는 선생님들이 교실에서 학생의 협력도 더 잘 이끌어낼 수 있습니다. 먼저 같은 학교에서 함께 공부할 선생님을 찾아보시길 바랍니다. 그러나 같은 학교에서 마음을 나누고 함께 연구할 선생님이 안 계시다면 학교 밖 공동체를 찾아 함께 연대하서도 좋습니다. 중요한 것은 어디서든 누군가와 연대할 때 오래 지속적으로 성장할 수 있습니다.

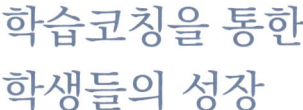

학습코칭을 통한
학생들의 성장

'일자리의 미래' 보고서는 제4차 산업혁명 시대의 인재가 갖춰야 할 10가지 핵심 역량을 발표했는데 순위대로 5가지를 보면 복합문제 해결 능력, 비판적 사고 능력, 창의력, 인적 자원 관리 능력, 협업능력 순입니다.[15] 3차 산업혁명 시대의 인재상과 비교해보면 '새롭고 불분명한' 복합문제 해결 능력과 창의력은 여전히 중시되고 있다는 것을 알 수 있습니다.

3대 핵심 역량인 복합문제 해결 능력과 비판적 사고 능력, 창의력은 모두 새로움에 대한 역량입니다. 교실 속 학습코칭은 비판적 사고 능력이 있는 뛰어난 세모형과 네모형, 창의력이 있는 별형, 협업 능력이 있는 동그라미형 학생이 교실에서 서로를 통해 배우고 협력하며 어려운 문제를 해결해나가는 경험을 줄 수 있습니다.

조한혜정 교수(2007)는 "정보량이 몇 년 안에 두 배씩 늘어나는 급변하는 시대의 학습은 그렇지 않은 시대와 다를 수밖에 없다. 좀 더 부지런해져야 하는 것이 아니라 질적으로 다른 학습의 방식이 필요하다. 이런 시대의 학습은 길 찾기를 도와주는 것이어야 한다. 길 찾기를 돕는 학교, 자기 주도적으로 되는 것을 돕는 교육이 필요하다."라고 말했습니다.

학습코칭을 통해 어떻게 길 찾기를 돕고 어떻게 주도적인 학생으로 성장시켰는지 학급운영과 학생 사례를 통해 살펴보도록 하겠습니다.

학급운영 사례

고 2 담임을 맡았을 때 학급 학생들의 학습유형을 파악하고 학습코칭을 통해 학습 지도를 하였습니다. 자기 주도 노트를 만들어 매일 아침 전날 공부한 내용과 분량을 친구들과 나누며 서로를 통해 도전을 받도록 하였습니다. 그러자 점점 학급에 공부하는 환경이 조성되었습니다. 일주일 동안 3~4명의 학생을 개인 코칭하며 학습에 대한 태도와 습관 변화 등을 기록하였습니다. 공부 방법을 학습유형에 따라 개별 코칭하고 부모님이나 친구와의 갈등이 있을 때 유형에 따라 관계 코칭을 진행하였습니다.

입시를 넘어, 학습코칭을 통해 성장한 별형 학생

별형이었던 한 학생의 부모님과 상담을 하였을 때 부모님은 자녀의 기초학습이 부진하다며 걱정을 많이 하셨습니다. 실제로 수학과 영어 교과의 기초가 많이 부족했고 어떻게 공부해야 할지도 몰라 자신감이 바닥인 상황이었습니다. 당시

고등학교 2학년이었던 이 학생은 물고기를 좋아하여 집에서 여러 개의 어항에 물고기를 기르고 있었습니다. 부모님은 이를 못마땅하게 여기셨고 어느 날 어항을 다 치워 버리셨다고 했습니다. 그런데 학생과 상담을 해보니 물고기에 대해 좋아하는 것을 넘어 물고기를 사랑하고 있었고, 물고기에 관한 지식이 전문적인 수준인 것을 알게 되었습니다.

활동하는 것을 좋아하는 학생을 위해 봉사활동 동아리를 개설하였습니다. 그랬더니 후배들과 함께 학교 근처의 하천을 청소하며 고유종 민물고기를 돌보는 일에 솔선수범하였습니다. 청소할 때면 외래종 배스가 고유종 민물고기에게 얼마나 해로운지를 설명하며 하천 생태가 점점 나빠지는 것을 안타까워하였습니다.

이후 학습에 관해 이야기를 할 때마다 자신 없어 하는 학생을 이해하기 위해 「공부 상처(김현수, 2013)」라는 책을 읽었고, 오랜 시간 공부로 인해 받은 상처를 이해할 수 있었습니다. 별형이었던 학생에게 물고기와 학습을 연결해주었고 물고기 관련 정보를 얻을 수 있는 외국 사이트를 찾아 영어를 번역하도록 하였습니다. 좋아하는 일을 전공과 연결하고, 부족한 수학 공부에 대한 필요성도 전공과 연결해 동기부여해 주었습니다.

이후 학생이 고 3이 되었을 때도 담임 선생님께 지속적으로 학생에 대한 정보를 알려주며 지금까지 했던 여러 활동을 이어서 할 수 있도록 연결해 주었습니다. 그 후 수시모집을 통해 자신의 관심 분야를 살려 생명자원 공학부에 입학할 수 있게 되었습니다. 만약 물고기에게만 관심이 있던 학생을 엉뚱하게만 생각하고 관심사에 대한 연결고리 없이 부족한 학습에만 초점을 맞추어 공부하도록 하였다면 이와 같은 결과를 얻을 수 없었을 것입니다. 1년이 지난 후 대학교에서 장학금을 받았다는 소식을 전해왔습니다. 1학기 성적보다 2학기 성적이 많이 올라 성장

장학금을 받은 것이었습니다. 별형 학생의 놀라운 성장을 지켜보며 자신의 관심 분야와 연결해 코칭할 때 자신의 한계를 넘어 얼마나 놀랍게 성장할 수 있는지 알게 되었습니다. 학생을 현재 보이는 모습만으로 판단하지 말고 성장 가능한 존재로 바라보아야 함을 경험하였습니다.

자신만의 색으로, 학습코칭을 통해 성장한 동그라미형 학생

두 번째로 소개할 학생은 고등학교 2학년 때 저에게 개인 코칭을 받은 동그라미형 학생입니다. 작곡가가 꿈이었던 학생에게 학교는 어렵고 답답한 곳이었습니다. 지각을 자주 하고 수업시간에는 엎드려있다 보니 기초가 부족했고, 공부 방법도 모르는 상황이었습니다. 그런 모습이 마음에 들지 않았던 아버지와 관계도 좋지 않은 상황이었고, 어머니는 자녀가 걱정되어 유명하다는 선생님을 모셔다 비싼 과외를 받게 했지만 학생의 학습 향상에 별다른 도움을 받지 못했습니다.

코칭을 하던 과정 중에 학생이 직접 작곡한 곡을 들어보니 음악에 대한 재능이 남다르다는 것을 알게 되었습니다. 이러한 재능이 얼마나 많은 사람을 위로하고 때로는 행복하게 할 수 있는지 이야기하면서 지금부터라도 열심히 하면 할 수 있다고 격려하며 공부 방법을 코칭하였습니다. 학습코칭 전 검정고시 모의고사를 보면 수학이 0점이었던 학생이 마침내 90점을 받았습니다. 공부에 대한 필요를 느꼈으나 너무 늦어 어찌해야 할지 몰라 힘들어하는 학생의 마음을 읽어주고 할 수 있다고 격려해 주었더니 숙제도 성실히 하였고 코칭시간에도 늦지 않게 참여하는 모습을 보았습니다. 학생이 어느 날 메시지를 보내왔습니다. 저와 함께한 학습코칭은 단순히 공부뿐 아니라 자신만의 색을 가지게 해 주었고, 목표를 위해 철저히 계획을 세워 실천할 수 있게 해주었다는 내용이었습니다.

공부의 주인으로, 학습코칭을 통해 성장한 세모형 학생

교무실로 찾아와 "선생님 학습코칭을 좀 해주세요."라고 요청한 세모형 학생의 이야기입니다. 학생의 요청으로 1년간 일주일에 한 번씩 틈틈이 코칭을 하였습니다. 목표가 확실하면 열심히 노력하는 세모형 학생이기에 먼저 목표를 함께 찾아갔습니다. 시간이 이어지면서 저에 대한 신뢰가 쌓여가자 할머니의 치매로 인해 가정 안에 갈등이 있다는 사실을 말해주었고, 이로 인해 노인 상담에 관심을 갖게 된 것을 알게 되었습니다.

방학 동안에는 상담 관련 다양한 활동을 경험하는 시간을 갖도록 하였고, 방학 후 피드백을 통해 목표를 정하게 하였습니다. 학교생활을 하며 학생을 일주일마다 꾸준히 개인 코칭 하는것은 쉽지 않았습니다. 주로 점심시간이나 자율학습시간에 길게는 한 시간에서 짧게는 20분 정도 진행하였습니다. 계획을 세워 공부한 후 한 달이 지나고 나면 그간의 실천 내용에 대해 스스로 점수를 주고, 간단하게 피드백을 하도록 하였습니다. 본인이 원해서 코칭을 했기 때문에 자발성을 가지고 임하는 것을 볼 수 있었습니다. 고3이 되어 원하는 전공으로 목표했던 대학에 합격했음을 알리며 감사의 인사를 전해왔습니다. "선생님. 대학 진학이라는 결과가 학습코칭을 통한 최종 결과물이라고 생각하지 않습니다. 학습코칭은 수험생활과 인생을 스스로 관리하고 끌어나갈 수 있는 힘을 기르게 해주었습니다." 무엇보다 기쁜 것은 코칭이 끝난 이후에도 공부 습관을 유지하며 인생을 관리하고 끌어갈 힘을 얻었다는 것입니다.

성실한 실천으로, 학습코칭을 통해 성장한 네모형 학생

대부분 선생님은 모범생인 네모형 학생은 그냥 두어도 성실하게 잘 할 수 있다고 생각합니다. 그러나 네모형 학생도 도움이 필요합니다. 어느 유형보다 스트레스가 많고 완벽하게 못 할 것 같으면 시작을 못 하기도 합니다. 그리고 해야 할 일을 잘 이해하지 못하면 시작하기 힘들어합니다. 그래서 질문이 많기도 합니다. 틀리고 싶어 하지 않아 쉽게 시작하지 못하는 네모형에게는 시작할 수 있게 도와주는 것이 필요합니다.

수업 이후 효율적인 노트필기와 공부 방법을 통해 어떻게 하면 더 공부를 잘 할 수 있는지 알게 되니 공부가 재미있어졌다고 피드백하였습니다. 학습코칭을 하며 성적이 낮은 학생뿐 아니라 성적이 높은 학생도, 그리고 별형과 동그라미 유형뿐 아니라 세모형과 네모형의 모든 학생에게 코칭이 필요함을 경험하였습니다.

공부 습관을 위해 모든 유형의 학생에게 필요한 코칭

공부 습관을 위해 모든 유형의 학생에게 공부 계획 세우기를 어떻게 코칭했는지 살펴보도록 하겠습니다. 공부하는 습관을 들이기 위해 모든 유형에게 필요한 것이 공부 계획을 세우도록 하는 것입니다. 네모형 학생에게는 교사가 만든 계획표를 주어 계획을 세우도록 하였지만, 나머지 유형에게는 자신이 원하는 대로 계획표 작성을 하도록 하였습니다.

너무 자세한 계획표를 힘들어하는 세모 유형을 위해 본인이 원하는 주요 과목 위주로 자신이 원하는 방식으로 주간 계획표를 작성하게 하였습니다. 그리고 별과 동그라미 유형의 학생들은 자신들이 원하는 플래너를 사서 쓰도록 했더니 정말 다양한 플래너를 사 와서 시중에 어떤 종류의 플래너가 있는지 알게 되었습니다.

시험 기간에도 자신만의 방법으로 공부 계획표를 작성하되 공부할 분량을 구체적으로 적게 하여 공부하는데 걸릴 예상 시간을 기록하게 하였습니다. 공부를 한 후에는 실제 공부하는데 걸린 시간을 기록하게 하여 남은 시간과 공부해야 할 양을 스스로 알 수 있도록 함으로써 시간에 쫓기지 않고 공부할 수 있도록 코칭하였습니다.

학생들이 시험계획표를 작성하고 시험을 본 후 성적이 올라 자신감이 생기기 시작하자 이것이 동기가 되어 꾸준하게 계획표를 작성하기 시작하였습니다. 학생들에게 먼저 일주일 계획표를 작성하도록 했는데, 이번 주에 무엇을 해야 하는지 꼭 기록하게 하였고 완료한 일은 체크를 하도록 하였습니다. 이때에도 학생들이 원하는 계획표 양식을 활용하여 다양한 방식으로 작성할 수 있게 했습니다.

일주일 계획을 마치면 매일 저녁에 다음날 해야 할 일을 기록하고, 하루를 마친 후에는 계획한 것을 실천했는지를 체크하고 공부한 시간을 기록하도록 하였습니다.

주기적으로 플래너를 점검하는 시간을 통해 하루 이틀 하지 못했어도 포기하지 않고 지속적으로 해보도록 격려하였습니다. 책이나 영상을 활용하여 기록의 중요성을 동기부여 함으로써 지속적인 기록을 도울수 있었습니다.

플래너 작성법을 알려주는 것으로 그치지 않고, 지속적인 교사의 관심과 피드백을 통해 실천으로 이어질 수 있게 했습니다. 그러나 교사 혼자 학생들의 계획표를 일일이 체크하고 피드백하기는 쉽지 않습니다. 그래서 학생들끼리 공부짝을 만들어 체크할 수 있게도 하였고, 부모님의 도움을 받기도 하였습니다.

학부모의 연대를 통한 학생의 성장

학부모 대상의 학습코칭 교육은 다음의 두 가지 이유로 시작했습니다.

첫 번째는 학부모와의 연대를 통해 학생들을 돕기 위함이었고, 두 번째는 학부모들이 학교, 교사와 같은 공부 철학을 갖도록 하기 위함이었습니다. 학교에서는 진짜 공부를 이야기하는데 집에서 학부모들은 명문대학 입학과 경쟁을 부추긴다면 학생들은 혼란스러울 수밖에 없습니다. 이렇게 작은 바람에서 시작된 학부모 학습코칭 과정이었는데 놀랍게도 먼저 공부를 마친 학부모들이 후배 학부모들 교육을 적극적으로 도와주셨고 몇 분은 방과후 교사로 함께 해 주셨습니다.

학부모 코치 중 권○○ 어머니는 수학을 전공한 분으로 교사 경험도 있으셨습니다. 방과후 수업에서 학습코칭을 할 때 수학과 코칭을 접목하셨습니다. 학습코칭 교육을 받으신 것을 기초로 교육계획을 만들어 진행하셨습니다. 코칭 시 함께 공부하셨던 학부모 한 분이 보조교사로 참여하셨고 '수학 코칭 밴드'를 만들어 수업 기록도 해주시고 사진도 찍어 올려주셨습니다. 코칭 시간이 쌓일수록 자신감을 가지고 학부모 코치로 활동해주셨습니다.

홍○○ 어머님은 학습코칭을 공부하며 어머님 자신도 독서를 하며 능동적인 자기 계발을 시작하셨습니다. 학교에서 학부모 학습코칭 모임 때 책을 읽고 나누었던 방식으로 마을에서 엄마들과 독서 모임을 진행하였고, 학교에서는 방과후와 방학 특강으로 문학기행 수업도 진행하셨습니다.

방과후 학습코칭을 해 주셨던 분 중 두 분 어머니의 후기를 소개해드리겠습니다. 제가 임○○ 어머님을 코칭 할 당시 따님이 고3이었습니다. 학교에서 학생들을 가르친 경험이 없는지라 걱정을 많이 하셨지만, 수업 횟수가 늘어가며 점차 자신감을 느끼게 되셨습니다. 코치는 학생들이 필요한 것이 무엇인지 알고 노력하지만 잘 안 되는 마음을 읽어주는, 학생들을 도와주는 조력자임을 잊지 말라는 말이 도움이 되셨다고 합니다. 세 자녀의 엄마로, 일하시던 경력이 단절되었던 어머니가 학생들을 돕는 것을 통해 보람을 느끼셨다고 합니다.

권○○ 어머님은 매주 학생들을 만나면서 한계에 부딪힐 때가 있었고 코칭에 대한 확신이 없을 때도 많으셨지만 저와 대화를 통해 의문점을 해소하셨고 내 계획대로 수업을 진행하기보다 학생들의 이야기를 진심으로 들어주는 것이 필요함을 배우셨습니다. 이러한 경험들이 자녀를 더 이해하고 돕는 기회가 되었습니다.

학생들의 성장을 위해 교사 혼자만으로는 한계가 있습니다. 교사 간의 연대, 학생과 학생들과의 협력뿐 아니라 교육의 3주체인 교사, 학생, 학부모가 연대할 때 학생의 성장을 더 잘 도울 수 있습니다. 쉽지 않은 과정이 있었지만, 학부모의 연대를 통해 학생을 더 잘 도울 수 있다는 것을 경험하였습니다. 학부모 학습코칭 교육에 뜻이 있는 교사가 학교에 한 분이라도 있다면 교육을 통해 집에서 자녀의 공부를 어떻게 도울 수 있는지 안내하고 가정과 학교에서 한목소리로 학생을 도울 수 있을 것입니다.

제 11 장

미래 교육의 열쇠,
학습코칭

4차 산업혁명 시대 교육의 변화 양상

•

미래 학교 교육의 변화 방향에 부응하는 학습코칭의 지향점

미래를 예측하는 가장 좋은 방법은

미래를 창조하는 것이다.

- 피터 드러커 -

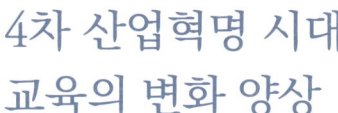

4차 산업혁명 시대
교육의 변화 양상

'4차 산업혁명(Industry 4.0)'이라는 말은 어느새 우리 사회에서 익숙한 용어가 되었습니다. 특히 인공지능 알파고의 위력을 경험한 후 예상하지 못한 속도로 다가오는 변화에 대해 사람들의 불안이 확산된 것이 사실입니다. 이러한 변화에 민감하게 대응하는 것도 필요하지만 변화의 실체가 무엇이고 과연 교육의 장면에서는 무엇이 어떻게 달라져야 하는지를 차분하게 준비하는 자세가 필요하다고 생각합니다. 미래를 예측하는 가장 좋은 방법은 미래를 창조하는 것이라는 말처럼 미래는 상상하고 디자인함으로써 바꿀 수 있는 것이기 때문입니다.

4차 산업혁명의 특징

4차 산업혁명이란 말은 2016년 세계경제포럼의 의장인 클라우스 슈밥(Klaus Schwab)이 제안한 것입니다. 디지털 혁명을 기반으로 다양한 과학기술을 융합해 개개인뿐만 아니라 경제, 기업, 사회를 유례없는 패러다임 전환으로 유도하는 현상으로 이해할 수 있습니다.[16] 슈밥 의장은 4차 산업혁명은 3차 산업혁명의 연장선이 아닌 전혀 다른 새로운 패러다임이 될 것이라고 주장합니다.

1차 산업혁명은 기계화, 2차 산업혁명은 전기화, 3차 산업혁명은 정보화가 핵심 키워드였다면 4차 산업혁명을 이해하는 키워드로는 초지능화, 디지털과 물리 세계와의 융합화를 꼽습니다.[17] 4차 산업혁명의 핵심기술은 인공지능(AI)과 ICBM(IoT, Cloud, BigData, Mobile)으로도 요약해 볼 수 있습니다. ICBM은, '사물인터넷(Internet of Things : IoT) 센서가 수집한 데이터를 클라우드(Cloud)에 저장하고 축적된 빅데이터(Big data)를 분석해서 적절한 서비스를 모바일 기기 서비스(Mobile) 형태로 제공'하는 것을 의미합니다.[18] 예를 들어 설명한다면, 가정 등에 설치된 IoT 센서를 통해 수집된 정보가 자동으로 클라우드에 저장되고 이 데이터에 사용자는 언제 어디서든지 접근해서 스마트폰 하나로 확인하는 게 가능한 시대에 살고 있다는 말입니다. 장소, 시간과 관계없이 원하는 정보에 연결되는 초연결사회(hyper-connected society)의 탄생을 실감할 수 있는 대목입니다.

미래 학교에 대한 다양한 전망

디지털 기술 기반의 새로운 산업 시대라 할 수 있는 4차 산업혁명은 사회 전 영역에 걸쳐 1, 2, 3차 산업혁명과는 질적으로 다른 변화를 일으키고 있습니다. 교육의 영역도 이를 피할 수 없는 게 현실입니다.

'미래의 학교'에 대한 다양한 예측들이 넘쳐나고 있습니다. 이 중에서도 미래의 학교 모습을 상상하는 데 도움이 될 만한 몇몇 연구를 소개함으로써 우리의 학교가 지금 어떤 준비를 해야 하는지를 살펴보도록 하겠습니다.

OECD의 미래 학교 교육에 대한 6가지 시나리오

'미래학교'에 대한 대표적인 연구는 경제협력개발기구(OECD)의 교육연구혁신센터(CERI: Centre for Educational Research and Innovation)가 2001년도에 발표한 〈미래학교에 대한 전망 보고서〉라고 할 수 있습니다. 국제회의를 통해 수렴한 의견을 토대로 개발된 미래 교육에 대한 '큰 그림'을 3개의 큰 흐름과 6개의 세부 시나리오로 제시함으로써 미래 학교 교육의 모습을 그려보는 데 유용하다는 평가를 받고 있습니다.[19]

'6가지 시나리오' 중 두 가지 경우는 '현상태유지(the status quo extrapolated)'를 상정한 시나리오이고, 다른 두 가지 경우는 '학교 위상의 강화' 또는 '학교의 재구조화(re-schooling)'를 상정하고 있습니다. 마지막 두 가지 경우는 '학교 해체 또는 탈학교(de-schooling)'를 가정하고 있습니다.[20]

OECD의 미래 학교 교육에 대한 6가지 시나리오

현 체제 유지 (the status quo)	재구조화 / 학교 위상 강화 (re-schooling)	탈학교 / 학교 해체 (de-schooling)
시나리오 1 견고한 관료제적 학교 체제 유지	시나리오 3 핵심적인 사회 센터로서의 학교	시나리오 5 학습자 네트워크 및 네트워크 사회 형성
시나리오 2 시장경제 원리 모델 확대	시나리오 4 핵심적인 학습조직으로서의 학교	시나리오 6 교사 부족으로 인한 학교 해체

시나리오 1은 견고한 관료주의적 체제가 계속 유지될 것이라고 보는 관점입니다. 시나리오 2는 학교 교육에 대한 시장 경제적 접근이 급속도로 확대되면서 역동성이 확보되기도 하지만, 불평등 문제가 대두될 수 있음을 보여줍니다. 시나리오 3은 학교가 지역사회의 핵심 센터로 강화되면서 학교에 새로운 중요한 과업 및 책임감이 주어지게 된다고 봅니다. 시나리오 4는 학교가 학습조직으로서 모두를 위한 융통성 있는 프로그램을 제공하는 곳으로 가정하고 있습니다. 시나리오 5는 학교 교육이 ICT 활용 의존도가 매우 높은 네트워크 사회와 양립하면서 결국 붕괴해 간다는 것을 상정합니다. 시나리오 6은 교사 부족 현상이 위기 수준에 처하면서 학교 교육이 붕괴해 간다고 봅니다.[21]

☑ 시나리오 1 : 현 체제의 유지 – 견고한 관료제적 학교 체제 지속

현 체제가 그대로 유지될 것이라 예상하는 두 가지 시나리오 중 첫 번째 시나리오는 견고한 관료제적 학교 체제입니다. 시나리오 1에서는 상명하달과 획일성을 강요하는 관료제가 학교의 모습으로 존속되리라 예상합니다. 경직된 관료체제 아래에서는 기존의 관행과 전통에 의해 움직이기 때문에 개혁과 변화를 기대하기 힘듭니다. 그리고 자신의 이익에만 충실한 관료와 이 체제 안에서 이해관계를 가진 사람들의 이권 때문에 급진적 개혁에 대한 저항감이 클 수밖에 없습니다. 한편 학생들은 학교 졸업장의 중요성과 위력을 여전히 크게 느끼기 때문에 불만 속에서도 학교에 꾸역꾸역 나옵니다.[22] 학부모, 고용주, 그리고 미디어 등이 학교 상태에 대해 계속 불만족을 표시하지만, 급진적인 변화보다는 점진적인 변화를 선호합니다.[23] 이 경우 학생과 학부모들이 학교에 대해 가지는 문제점에 대해 불만은 크지만 해결되지 않은 채 계속 쌓여만 갈 가능성이 큽니다. 학교는 내부에 쌓인 문제들을 해결하기 위하여 개혁을 반복하지만, 사회적 불평등이 교육적 불평등으로 이어지는 것은 막지 못합니다.

시나리오 1에서는 학교가 변화에 더디고 시대에 뒤떨어진다는 비판을 받고 있지만, 흔히 간과하기 쉬운 몇 가지 중요한 사회적 기능을 충실히 이행하고 있다고 봅니다. 예를 들어 아이 돌보기, 상호작용과 놀이를 할 수 있도록 안전한 공간 제공하기, 사회화 및 분류와 선발 기능과 같은 많은 본질적인 기능을 학교가 감당하고 있습니다. 이러한 과업은 상대적으로 눈에 잘 띄는 문해력 교육, 수리 교육, 학문적 지식 학습과 비교할 때 간과하기 쉽습니다. 그렇지만 사회화가 이루어지던 가족과 공동체가 해체되는 상황에서 학교가 이 부분을 담당할 것이라고 예상합니다. 시나리오 1에서는 학교 체제가 수많은 결함이 있지만, 농경사회가 산업사회로 변화하는 데 중요한 역할을 담당했으며, 미래의 지식기반 사회로 변화하는데도 중요한 역할을 할 것이라고 내다보았습니다.[24]

☑ 시나리오 2 : 현 체제의 유지 − 시장 경제 원리 모델의 확대

시나리오 2에서는 시장 지향적(market-oriented) 학교 교육 모델의 확대를 상정하고 있습니다. 획일적인 공립학교 체제와 투입 대비 효과성을 앞세우는 재정 분배에 대한 불만으로 인해 크게 확대됩니다. 정부는 이런 압력에 대응하여 재정구조, 재정 인센티브, 그리고 규제 철폐 등을 통해 새로운 교육공급자의 출현 및 다양화를 도모합니다. 또한 정부는 국내외적으로 상당한 규모의 시장 잠재력을 발굴합니다. 민간 가정과 기업의 금융 투자가 상당한 규모로 활성화됩니다.

시나리오 2가 가정하는 시장 지향적인 학교 교육이 확대될 경우 새롭게 등장한 시장에서 정부의 직접적인 교육과정 감독과 규제는 줄어드는 반면에 학습자와 공급자에 대한 인증(accreditation)과 지표(indicator), 측정과 같은 새로운 개념의 '통화(currency)'가 통용될 것입니다. '효율성'과 '질'이 중요한 기준으로 제시되며 프로그램과 전달이라는 측면에서 정의되었던 기존 교육과정 구조는 쇠락하고 결과에 의해 재정의될 것입니다. 비록 재정 조달 및 규제 체제에 결과가 좌우되고 초등과 중등교육 사이에서 상당한 차이가 있을 수 있겠지만, 광범위한 민영화와 민간과 공공영역 간의 제휴 확대에도 불구하고 학교와 정부의 역할은 사라지지 않습니다.

시장 지향적 학교 교육 모델은 학교 교육을 공적인 재화로 보기보다는 사적인 재화로 여기는 문화가 기존 법 조항에 불만을 품은 중산층 학부모나 정당과 같은 이른바 전략적 소비자들(strategic consumers)과 결합하여 한층 확대되리라고 예상합니다. 개혁을 위한 노력에도 불구하고, 경쟁을 중시하는 문화가 형성되어 불평등과 소외가 실질적으로 용인되고 심화되리라 예상합니다.

☑ 시나리오 3 : 학교의 위상 강화 ‒ 핵심적인 사회 센터로서의 학교

시나리오 3과 4는 학교가 핵심적인 사회 센터나 학습조직으로 역할 할 것이라 예상합니다. 이 두 개의 시나리오에서는 장차 학교가 사회적 분열과 가치 위기를 막을 수 있는 가장 효과적인 보루라는 인정을 사회적으로 폭넓게 받게 될 것이라고 기대하고 있습니다.

시나리오 3에서는 학교가 높은 수준의 신뢰와 재정 지원을 받으며 공동체와 사회적 자본(social capital) 형성의 중심이 될 것을 상정하고 있습니다. 학교가 사회나 공동체에서 맡는 역할을 중시하며 계속적인 교육을 위해 다른 기관과 프로그램 및 책임감의 명확한 공유를 강조합니다. 학교는 지식을 전달하고, 정당화하고, 인증하는 데 역할을 계속하리라 기대되며 시민성(citizenship)과 같은 다양한 범위의 사회적·문화적 결과물도 인정하고 강조하게 될 것으로 봅니다. 학교는 평생학습을 통해 형성할 지식, 기술, 태도, 가치에 대한 인지적, 비인지적 기초를 닦는데 집중합니다. 그리고 연령/학년 구조, 모든 연령대 학습자들의 참여를 위한 다양한 실험들이 이루어집니다. 학교에 대한 공적/정치적 지원이 많아지고 충분한 자금이 균등하게 배분되면서 학교는 중앙의 구속에 얽매이지 않고 자율성을 누릴 수 있습니다.

이 시나리오에서는 학교를 모든 지역사회가 이용할 수 있는 창의적인 학교 기관으로서 중요한 사회적 책임을 다하는 곳으로 묘사합니다. 몇몇 보고서에 따르면 수많은 OECD 국가에서는 사회적 자본이 개개인의 안녕과 사회, 경제에 손상을 입힐 정도까지 잠식되고 있습니다. 시나리오 3에서는 학교는 이러한 경향을 막는 데 중요한 역할을 한다고 봅니다.

☑ 시나리오 4 : 학교의 위상 강화 − 핵심적인 학습조직으로서의 학교

이 시나리오에서는 대부분 학교는 '학습조직(learning organization)'이라는 명칭을 얻게 됩니다. 학습조직으로서의 학교는 평등에 관한 강력한 신념을 가지고 '모두를 위한 평생학습'을 주도하는 조직입니다. 이러한 특성이 양질의 학습이 불평등하게 배분되는 '현 상태 유지' 시나리오 1, 2와 구별되는 지점입니다.

시나리오 4에서는 '공공선(public good)'이라는 교육의 목적과 가치에 대한 광범위한 정치적 합의 속에서 모든 학교가 높은 수준의 공공 지원을 받는 것을 가정합니다. 학교는 양질의 기회를 모든 사람에게 제공하는 데 상당한 투자를 합니다. 높은 기대감, 빈약한 지역사회를 목표로 한 지원, 질 낮은 프로그램의 제거 등에 의해 실패 가능성은 눈에 띄게 낮아진다고 봅니다.

이 시나리오에서 학교는 '강력한 지식'을 주장함으로써 새로운 활력을 찾게 된다고 봅니다. 모든 학생에게 요구하는 게 많은 교육과정이 표준으로 제시됩니다. 학문적, 예술적, 능력 개발을 가장 우선적인 목적으로 보며, 실험과 혁신이 일반화됩니다. 혁신적인 평가 형태뿐만 아니라 교육과정 전문화도 활발하게 일어나며, 시나리오 3처럼 신뢰를 바탕으로 이루어지며 책무성 측정보다는 질(quality)이 주요 통제 수단이 됩니다.

강력한 학교는 두드러지는 프로파일을 가진 학습조직으로서, 모든 사람에게 최대한 집중하는 팀 지향적인 조직 운영을 한다는 특징을 갖습니다. 학교 조직에서는 팀 중심 접근법이 강조되며, 가르침과 배움의 과정에 대한 새로운 지식 및 지식의 생산, 중재, 활용에 집중적인 관심으로 연구 개발에 주로 투자합니다. 교사 집단은 이동 가능성과 다양한 전문지식의 활용 가능성에도 불구하고 시나리오 3보다도 더 분명한 전문직으로 남습니다.

시나리오 4는 '지식'에 좀 더 강한 초점을 둔다는 점에서 시나리오 3과 다릅니다. 이때의 지식은 대중으로부터 충분한 이해를 얻은 것이며 학교에 대해 불가능한 요구를 계속하는 사회의 압박으로 벗어날 수 있는 것입니다. 시나리오 4는 많은 프로그램과 방법을 개발할 뿐만 아니라 매우 높은 수준의 공공 지원과 다양한 자원으로부터의 풍족한 재정 지원을 얻는 강력한 학교를 상정합니다.

☑ 시나리오 5 : 학교 폐지 – 학습자 네트워크 및 네트워크 사회

마지막으로 살펴볼 시나리오 두 가지는 미래에는 학교 체제가 붕괴할 것으로 예상한 결과물입니다. 시나리오 5는 네트워크 사회의 환경에 의해 촉진된 비공식적 학습(informal learning) 네트워크의 출현으로 학교제도가 붕괴할 것으로 가정했습니다. 시나리오 6에서는 교사의 대량 이직으로 인해 학교제도가 붕괴한다고 예상했습니다.

시나리오 5에서는 불평등한 사회 · 경제적 구조를 지나치게 반영하고 있지만 다양한 문화를 충분히 반영하지 못하고 있다는 학교 교육에 대한 비판과 불만족스러움이 학교제도의 포기를 가속화시키고 있다고 보았습니다. 이러한 경향은 인터넷과 지속적으로 발전하고 있는 강력하면서도 비용이 적게 드는 ICT에 의해 더욱 활발해질 것입니다. 이로 인해 학교제도의 해체라는 결과가 빚어진다고 예상합니다.

이 시나리오에서는 학습자 네트워크가 학교를 대체하게 될 것이라고 내다보았습니다. 더는 '학교'라고 불리는 특별한 장소에서 '교사'라는 특정 전문가에 의해서만 학습이 일어나지 않을 것이라고 봅니다.[25] 정규교육과 평생 교육 사이의 경계가 모호한 가운데 다양한 문화적, 종교적, 지역사회의 목소리가 학생의 일상적인 사회화와 학습에 반영될 수 있습니다.

이 시나리오는 시나리오 2와 일부 특징을 공유하기는 하지만 대안적 후기산업적 패러다임을 추구함으로써 경쟁보다는 협력이 이 시나리오를 설명하는 주요한 요인으로 볼 수 있습니다. 시나리오 5에서는 정보격차(digital divide)로 인해 네트워크 사회에 적극적으로 참여하는 개인 및 공동체와 그렇지 않은 개인 및 공동체 간의 새로운 형태의 불평등 문제가 야기될 수 있음을 경고하고 있습니다.

☑ 시나리오 6 : 학교 폐지 − 교사 부족으로 인한 학교 해체

시나리오 6에서는 교사 공급 부족으로 인해 학교제도가 붕괴할 수 있음을 가정합니다. 불만족스러운 근무조건으로 인한 퇴직, 매력적인 다른 직업으로의 이

직 등의 사유로 교사 유출은 늘어나지만, 신규 충원에 의한 교사 유입은 적을 경우 기존 교육구조는 교사 부족으로 인해 심각한 압박에 처할 수 있습니다. 이 경우 ICT가 하나의 대안으로 광범위하게 활용되며 학습시장에서의 기업과 미디어의 관심이 증대할 것이라 예상됩니다.

미래 학교 교육의 세 가지 모드

OECD의 6가지 시나리오 다음으로 살펴볼 자료는 한국교육개발원에서 2018년 발표한 「4차 산업혁명 시대의 교육 : 학교의 미래(2018)」입니다. 4차 산업혁명이라는 변화에 주목하면서 미래 학교 교육의 방향성과 학교 상을 문헌연구와 전문가 의견조사를 통해 연구하여 미래에 나아갈 수 있는 세 갈래의 방향을 제안하였습니다.[26]

연구진들은 우선 4차 산업혁명에 따른 사회변화로 예상되는 교육 쟁점에 주목하였습니다. 학생의 역할 및 정체성 측면, 교사의 역할 및 전문성 측면, 교육내용 측면, 학교의 역할 측면에서 생각해 볼 수 있는 교육 쟁점을 다음과 같이 질문으로 정리했습니다.

> ● 학생의 역할 및 정체성 : 4차 산업혁명으로 인한 불확실성 시대에 학생은 어떤 자세로 배움에 임해야 할 것인가?
>
> ● 교사의 역할 및 전문성 : 4차 산업혁명으로 인한 디지털 학습 환경에서 교사에게 요구되는 전문성은 어떻게 달라질 것인가?
>
> ● 교육내용 : 4차 산업혁명으로 인공지능이 지력을 대체할 수도 있는 시대에 학교는 무엇을 가르쳐야 하는가?
>
> ● 학교의 역할 : 4차 산업혁명 시대 디지털의 발달로 인한 초연결적 학습 생태계 속에서 학교는 어떤 역할을 담당할 것인가?

이러한 질문을 토대로 미래 사회의 도래가 초래할 수 있는 미래 교육의 거시적 방향을 연구 보고서의 내용을 토대로 살펴보고자 합니다

연구진은 아래와 같이 그림으로 나타내 설명하고 있습니다.

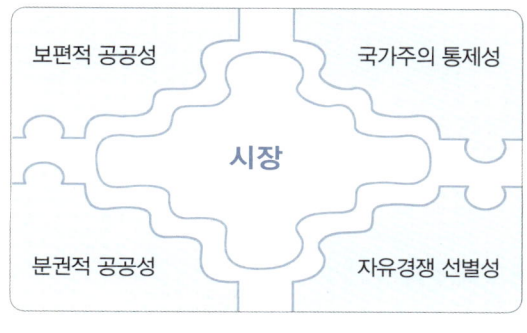

교육 담론 지형과 시장

미래 교육에 대한 담론은 먼저 국가의 역할과 수행방식에 대한 의견을 중심으로 나눠 볼 수 있으며, 거기에 자본주의 체제의 핵심인 시장을 한 축으로 설정해 한국사회의 교육 담론 지형도를 그려 본 것입니다.

연구 보고서는 사회변화에 따라 교육 담론 형성에 영향을 미치는 국가와 시장의 변화를 고려하면서 학교 교육의 대응 방향을 세 가지로 제시하였습니다.

(1) 근대 학교 교육의 유지(Mode 1) : 학교 교육이 현재 상태를 유지하는 방향

(2) 개인 중심, 자유경쟁 강조(Mode 2) : 디지털 발달 등으로 인한 사회변화에 성공적으로 대응하는 것을 목적으로 개인 중심, 자유경쟁 강조하는 방향

(3) 시민공동체, 공공성 강조(Mode 3) : 불평등과 격차 해소를 위한 국가의 공공정책적 개입 확대, 공동체 단위 사회적 개입을 통한 분권적 공공성 지향

세 가지 방향 중 두 번째 '개인 중심, 자유경쟁 강조' 모드는 우리 사회의 주류 담론으로 평가받는 의견입니다. 또한 세 번째 '시민공동체, 공공성 강조' 모드는 학교 교육을 통해 더 나은 사회가 만들어지고 교육다운 교육을 하는 질 높은 학습의 장으로서의 학교를 상정하는 대안적인 접근을 강조합니다.

연구 보고서는 세 가지 학교 교육의 방향과 앞서 살펴보았던 교육 쟁점을 연결하여 학생, 교사, 교육내용, 학교의 역할, 기술의 활용이 방향별로 어떻게 전개될 것인지 탐색하였습니다.

모드 1 : 근대 학교 교육의 유지

첫 번째는 한국 근대교육의 전형적인 특성을 유지하는 모델입니다.

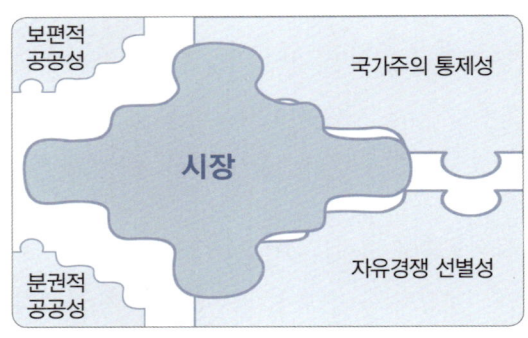

근대 학교 교육의 유지

이 모델은 강력한 국가 중심의 통제 아래에서 표준화된 교육을 제공합니다. 그리고 학교는 자유경쟁의 장이며, 선발장치로서의 역할을 합니다. 보편적 공공성과 분권적 공공성에 대한 인식은 약한 편이며, 학교제도에 시장이 미치는 영향력은 강력합니다.

☑ 학생 역할 및 정체성

이 유형에서 학생은 미성숙한 존재로 타율적인 관리의 대상으로 봅니다. 그리고 지향하는 학습자로는 근면, 성실한 국민으로 지적 학습에 뛰어난 성과를 보이는 학생으로 그립니다.

☑ 교사의 역할과 전문성

교사는 공교육 제도 내 지식교육의 권위자로 설정됩니다. 그리고 학생의 학업 성취도를 평가하고 성적을 관리하는 역할을 맡습니다.

☑ 교육내용

이 유형에서 교육내용은 학문으로부터 파생된 교과 내용을 말합니다. 그런데, 교과 중심 교육과정의 한계로 인해 교과 지식의 유용성에 대한 문제 제기가 많습니다. 특히 경제적 교환의 관점에서 유용성을 판단하는 경향이 강해지면서 문제 제기가 빈번해지고 있습니다. 또한 입시라는 평가제도와 맞물리면서 암기식으로 가르치는 파행적 수업 방식의 문제에 대한 비판의 목소리도 높아지고 있습니다.

☑ 학교 역할

학교는 정규 학습 기관으로 독점적인 지위를 누립니다. 학교는 가치 있다고 선별된 지식을 전수하는 권한과 학생의 학력 정도를 그 결과로 판별하는 독점적인 역할을 해왔습니다. 또한 이러한 역할을 수행하는 과정에서 타 기관이나 제도와 협력할 필요가 없는 고립된 형태로 존재해왔습니다. 다시 말해 학교는 산업화 이후 대중교육의 중심축으로 기능해왔습니다.

☑ 기술에 대한 대응

이 유형에서는 4차 산업혁명의 기술에 대해서는 기존 체제를 유지하는 방식으로 수용됩니다. 이를테면, 코딩교육의 필요가 높아져 이것을 교과의 하나로 편성하는 사례처럼 기존의 체제를 보완하는 차원에서 기술을 도입한다고 볼 수 있습니다.

모드 2 : 개인 중심, 자유경쟁 강조

개인 중심, 자유경쟁 강조 유형은 미래 교육 담론의 주류 의견이라 할 수 있습니다.

개인 중심. 자유 경쟁 강조

위의 그림에서 볼 수 있듯이 시장의 자유가 크게 보장되어 있으며 사회 곳곳에 자유경쟁 담론이 지배적입니다.

☑ 학생 역할 및 정체성

이 유형에서 학생은 학생이 학습의 주체로 보기 때문에, 학생 주도성(student agency)이 강조됩니다. 학생 주도성이란, 학생 스스로 세운 학습 목표에 도달하기 위해 적극적으로 시간과 노력을 투자하며, 여러 선택 사항들을 반성적 사고를 통해 결정하고 자신의 선택에 책임을 지는 태도를 말합니다.

그리고 학생을 자신의 적성과 진로에 따른 '맞춤형 교육과정 설계자'로 봅니다. 4차 산업혁명으로 인한 맞춤형 생산과 소비가 주류적 흐름이 되는 것과 맞물려 교육과정 또한 학생들의 선호와 요구에 부응하는 맞춤형의 형태로 변화될 가능성이 높습니다.

자율적 존재이자 자기주도적 학습자로서의 변화를 강조하기 때문에 학습의 소비자이자 선택과 책임의 주체로 학생을 상정할 수 있을 것입니다.

스마트한 능동적 개인, 융합적인 창의성을 지향하는 학생을 주요 인재상으로 설정했습니다. 여기서 '스마트'하다는 말은 디지털 리터러시, 데이터 리터러시를 갖추고 있어 4차 산업혁명 기술의 특성을 제대로 이해하고 활용하되 그 기술에 종속되지 않은 상태를 말합니다.

☑ 교사의 역할과 전문성

교사의 역할은 학생 중심 학습을 위한 '촉진자'로 봅니다. 자신이 전공한 교과 지식을 학생에게 효과적으로 전달하기보다는 학생들의 자기 주도적인 학습을 안내하고 지원하는 학습 코치로서의 역할, 그리고 학생의 조력자, 인성훈련 담당자, 상담사의 역할을 기대하게 될 것입니다.

전통적으로 교사를 통해서만 교육이 가능했던 교사의 지식 독점성이 붕괴되면서 앞으로 교사의 역할은 지식을 가르치는 것보다는 학생에 대한 '보살핌의 역할'이 강조될 것입니다.

☑ 교육내용

교육내용의 경우, 교과 지식 습득을 넘어 '역량 함양'을 강조합니다. 지식의 생성 및 공유방식이 변화되었을 뿐만 아니라 지식의 양이 폭발적으로 증가하기 때문에 '아는 것'을 넘어서서 수행능력, 즉 '~을 할 수 있는 능력'이 강조됩니다. '분과적' 설계방식을 넘어 '융합적' 설계방식으로 교육내용을 구성하는 것이 요구됩니다.

☑ 학교 역할

학교는 교육 기관으로서 '구심점' 역할이 약화될 것으로 봅니다. 디지털 기술의 발달과 네트워크 시스템의 구축으로 인해 지식의 속성은 변화되고, 학교의 지식 독점권은 해체되고 있기 때문입니다.

☑ 기술에 대한 대응

개별화 학습의 효율성을 추구하기 때문에 학교 교육에 기술이 도입되는 것에 대해 개방적이고 수용적인 경향을 띱니다.

모드 3 : 시민공동체, 공공성 강조

세 번째로 보게 될 미래학교의 모습은 시민공동체와 공공성이 강조된 모델입니다.

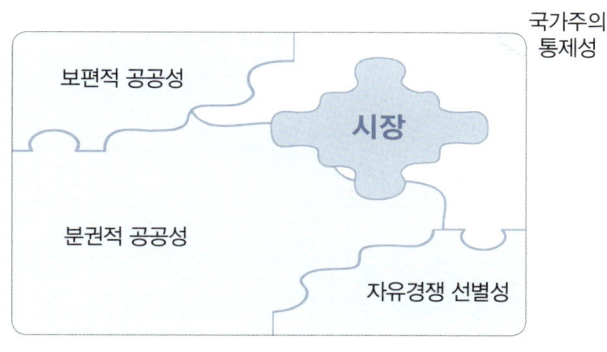

시민 공동체, 공공성 강조

분권적 공공성의 역할이 이상적으로 강화됐지만, 획일적이고 통제적인 국가의 통제성은 최소화될 것을 상정했습니다. 또한 자유경쟁 담론과 보편적 공공성 담론의 강도는 동등하게 설정하는데, 시장의 자율성은 유지하더라도, 사회격차 등의 각종 문제에 공공정책이 개입할 수 있음을 상정했기 때문입니다.

☑ 학생 역할 및 정체성

이 유형에서 학생은 '사회적 대화' 참여자로 봅니다. 미래 사회의 시민으로 새롭게 대두될 문제들을 함께 해결하기 위한 '사회적 대화'의 과정에 적극적으로 참여하여 공동의 새로운 대안을 제시하는 창의적 과정을 경험하는 것을 학생의 역할로 보았습니다. 학생의 자율성과 선택은 존중하나, 그에 따른 책임성도 강조한 시민이 되기 위해 사회문제를 비판적으로 바라볼 수 있는 기초 소양을 갖추는 것이 중요하다고 봅니다. 공동체의 선에 기여하는 윤리적 자세를 지닌 학생이란 당장 그 필요성과 유용성을 이해하기 어렵더라도 교사가 전하는 오래된 인류의 지혜에 응답하는 '윤리적 자세'를 높이 평가합니다. 그리고 시민으로서 공동체의 의사결정과정에 적극적으로 참여하는 것이 중요한 가치라고 봅니다.

☑ 교사의 역할과 전문성

이 유형에서 교사는 앎의 과정과 실천을 이끄는 지혜를 갖춘 전문가로 봅니다. 학생의 성향과 자질이 길러지는 것은 다름 아닌 '과정으로서의 앎'에 진지하게 참여하는 경험을 통해서라고 봅니다. 교사는 학생을 앎의 과정으로 끌어들이고 학생이 사고를 확장 시켜 더 큰 세계로 연결될 수 있도록 적극적인 역할을 하는 전문가로 봅니다. 인공지능이나 온라인 학습이 할 수 없는 일을 하는 것입니다.

☑ 교육내용

교육내용으로는 수행능력을 넘어 '시민적 자질과 성향'을 강조하는 특징이 있습니다. 4차 산업혁명이 초래할 초복합성의 사회에서는 세계의 불확실성과 예측 불가능성이 높아짐에 따라 학생의 자질과 성향을 더욱 중요한 교육내용으로 다루어야 한다고 보기 때문입니다. 예측하기 어려운 불확실한 세계 속에서도 학생이 중심을 잡고 불안과 혼란을 헤쳐나갈 수 있는 '자질'과 '성향'을 기르는 것을 중요하다고 보는 입장입니다. 교육내용으로는 사회적 가치를 공동체 속에서 함께 만들기 위해 사회적 창의성을 발휘할 수 있는 사회적 대화를 중시합니다.

☑ 학교 역할

학교는 '핵심 센터'로서 역할을 합니다. 교육 활동이 추구하는 목적이 학생의 인간다운 성숙이라고 보기 때문에 관계를 통한 앎을 중시합니다.

☑ 기술에 대한 대응

4차 산업혁명 기술은 개방성, 공유성, 네트워크성을 활성화할 수 있기에 공동체의 구심적 센터로서 기능할 수 있도록 기술을 활용하는 것을 중요하게 봅니다.

미래 학교 교육 방향에 대한 전망

"10년 후(2030년 정도), 20년 후(2040년 정도) 교육이 어떤 방향으로 가리라 생각
하십니까?"

"미래 교육이 어떤 방향으로 나아가길 희망하십니까?"

한국교육개발원에서 진행한 설문에 참여한 전문가들 대부분은 10년, 20년 후
학교 교육은 개인 중심 자유경쟁 강조의 두 번째 유형으로 진행될 것이라고 예
상했습니다. 반면, 희망하는 방향으로는 시민 중심 분권적 공공성이 강조되는
세 번째 유형을 선택했습니다. 연구자들은 이러한 결과를 두고 전문가들은 두
번째 유형이 지닌 문제점을 극복하는 방향으로 세 번째 유형을 선택했다고 평가
했습니다.

한국 사회는 지금 급격한 변화의 파도 앞에 서 있습니다. 저출생 경향으로 학
령인구는 감소하고 있으며, 고령화 사회로 진입했고, 다문화 사회로 급속히 진행
되고 있으며 사회적 양극화 심화로 인한 교육격차도 심해지고 있습니다. 그리고
앞서 살펴본 것처럼 인공지능으로 대표되는 지능정보화 사회가 바로 우리 교실
앞에 와 있습니다. 4차 산업혁명이 본격적으로 얘기되면서 2030년이 되면 고령화
로 인해 정부 예산이 전부 삭감되어 초·중등 공교육 시스템이 모두 사라질 거라
는 급진적인 예측도 있었습니다.[27] 이러한 예측은 실제로 맞을 수도 있고, 틀릴

수도 있습니다. 다만, 한 가지 분명한 것은 그것이 제4차 산업혁명이든 다른 무엇이든 간에 미래는 우리가 만들어 간다는 것입니다.

캐리 페이서(Keri Facer)는 미래 교육에 대한 주류 학자들의 시각을 '미래 무관 교육(future-proof education)'이라고 비판했습니다.[28] 이 접근방식은 다가올 미래는 지식 경제 중심의 사회일 것이라고 정해놓고 그러한 사회에 필요한 인재를 길러내는 도구적 역할을 하는 게 바로 교육의 관점이라고 비판했습니다. 그러면서 '미래 건설 교육(Future-building education)'을 구상해야 한다고 주장했습니다.

"미래 사회는 이미 정해져 있는 불변의 것이 아니라

학생과 성인이 함께

학교라는 공간에서

자신이 속한 지역의 미래와 관련된 의사결정을

주체적으로 해나가면서 만들어 갈 수 있다"

그렇습니다. '미래 교육'을 말할 때, 그 누구도 자신할 수 없는 '미래'라는 말이 주는 불안감에 휘둘리기보다는 '교육'에 집중해 생각해봤으면 합니다. 4차 산업혁명이 우리 교육자들에게 던지는 질문은 '우리는 어떤 교육을 꿈꾸고 있는가?', '어떤 교육을 지향하고 있는가?'가 아닐까 합니다.

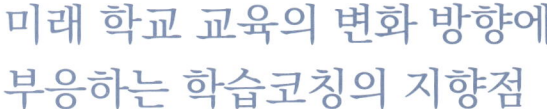

미래 학교 교육의 변화 방향에
부응하는 학습코칭의 지향점

지금 우리 앞에는 4차 산업혁명으로 대표되는 변화의 파도가 오고 있습니다. 한껏 높아진 파도에 흠칫 놀라 피하기보다는 멋지게 타고 넘어설 수 있는 지혜를 찾아보고자 합니다.

지금부터는 앞서 살펴본 미래 학교 교육의 변화 방향에서 공통적으로 강조하는 바를 학습코칭 장면에 어떻게 반영해야 할지 알아보도록 하겠습니다.

획일화에서 다채로운 성장을 포용하는 학습코칭으로

학령인구가 지속적으로 감소하고 있습니다. 학생 한 명 한 명이 무척 소중한 시대입니다. 그렇기 때문에 개인이 지닌 독특함과 존엄성이 다양하게 존재하는 교실 속에서 학생들의 다채로움을 힘껏 포용할 수 있는 구체적인 전략이 필요합니다. 우리 학생들은 각자 다른 모습으로 타고난, 뛰어난 학습자입니다. 그렇기 때문에 학생들의 다양한 학습준비도, 흥미, 학습양식에 반응하는 맞춤형 개별화 수업이 절실히 요구됩니다. 이를테면, 담임교사가 110 사이즈의 셔츠를 입으니까 교실에 있는 학생들에게 110 사이즈로만 반티를 맞춰 나눠 준다면 어떻게 될까요?

"획일적인 수업으로는 모두를 만족시킬 수 없습니다(One size doesn't fit all.)."

학습코칭 장면에서도 이 문구를 꼭 기억할 필요가 있습니다. 그렇다면 구체적으로 어떻게 학생들의 다채로움을 포용할 수 있을까요? 보편적 학습설계(Universal Design for Learning, 이하 UDL) 수업이 여기에 도움이 되리라 생각합니다.

몇 장의 이미지로 보편적 학습설계의 개념을 설명하고자 합니다.

평등

형평성

위의 이미지는 평등(equality)과 형평성(equity)의 차이를 설명할 때 자주 등장합니다. 모두에게 공평하도록 똑같은 크기의 상자를 똑같은 수만큼 제공하는 게 평등이라면, 개인이 처한 형편에 맞는 수의 상자를 제공한다는 게 형평성임을 보여주고 있습니다. 또한 이 그림을 계속 보고 있다 보면 형평성을 이루는 일은 적지 않은 노고가 따를 수 있다는 생각이 들게 됩니다. 서로 간의 격차를 줄이기 위해서는 상자의 수를 형편에 맞게 조정하는 과정이 필요한데, 이 과정에서 다양한 구성원 간의 끊임 없는 소통과 합의가 필요합니다. 이미 복잡할 대로 복잡해진 현대 사회에서는 자신이 가지고 있는 상자를 다른 누군가에게 양보하는 일이나 누군가로부터 상자를 얻어야 하는 상황은 순수하게 개인의 선의에 맡겨 둘 수 없습니다. 그 사회에 어느 정도의 갈등 조정 역량이 있느냐에 따라 결과는 달라질 수 있습니다. 성숙한 갈등 조정 역량을 가진 사회라면 서로의 처지에 공감하여 평화롭고 민주적인 과정을 통해 상자를 옮길 수 있을 것입니다. 하지만 그렇지 못한 사회라면 각자의 상자를 지키거나 더 가져오기 위해 끊임없는 갈등이 빚어질 수 있을 것입니다. 그런 측면에서 보편적 학습설계는 서로 간의 격차를 줄이는 방법으로 상자를 주고받는 개념에서 벗어나 좀 더 창의적이고 극적인 방법을 제시합니다. 상자가 아닌 담장에 집중해 담장을 아예 낮추거나 누구나 접근할 수 있도록 담장의 재질을 바꾸는 해결책을 제시합니다.

누구나 배움에 접근할 수 있는 길을 보장하는 보편적 학습설계

　각 개인이 지닌 개개인성이 반영되는 가장 이상적인 수업 설계는 일대일 개인별 맞춤형 수업 방식일 것입니다. 하지만 다인수 학급이 지배적인 한국의 보통 교실 상황 속에서는 선뜻 도전하기에는 어려운 이상적인 방식입니다. 한 명의 선생님이 다수의 학생을 교실 속에서 만나는 현실적인 한계를 고려할 때, 어느 교실에도 적용할 수 있는 맞춤형 수업 방안이 필요합니다. 그런 측면에서 볼 때, 보편적 학습설계는 개별 학습자의 실제적인 학습권을 보장하기 위해서 수업 설계 초기 단계부터 학습자의 다양성을 고려하자는 주장으로서 학생의 다양성을 고려한 실제적인 교육과정과 수업설계 접근법이라 할 수 있습니다. 보편적 학습설계는 개인이 가지고 있는 고유한 개개인성과 고유함을 지키며 학습자가 배움에 참여할 수 있도록 학습환경을 적극적으로 조성하기 위한 체계적인 노력으로 이해할 수 있습니다. 즉, "모든 학생들에게 학습의 장애를 제거하여 출발선에서부터 모든 학습자의 요구를 충족시킬 수 있도록 교육과정과 수업을 설계하는 것"이 보편적 학습설계입니다.[29]

　건물이나 편의시설을 장애의 유무에 상관없이 모든 사람에게 매력적이고 기능적인 설계를 하자는 보편적 설계(Universal Design)의 개념을 교육과정에 적용하면서 등장한 보편적 학습설계는 학습전문가 양성을 궁극적인 목표로 제시합니다.[30] 모든 학생은 학습전문가로 성장할 수 있다는 전제하에 학생들이 단순한 지식이나 기술을 숙련하도록 돕는 것을 넘어 학습 자체에 숙련된 전문가로 키우는 것을 최고의 목표로 삼고 있습니다. 자기성찰과 전문가 및 동료의 피드백을 통해 전문가로 성장할 수 있도록 도와야 한다고 주장합니다.

　보편적 학습설계에서 학습자는 획일적으로 주어지는 정보를 수동적으로 흡수하는 대상이 아니라 학습 내용, 방법, 시기와 속도에 있어서 자기 선택을 통해 자율적인 학습을 할 수 있는 자기주도적인 학습자로 봅니다. 보편적 학습설계가 지향하는 학습자의 모습과 그 특징을 좀 더 구체적으로 살펴보겠습니다. 첫째, 분명한 목적의식과 뚜렷한 학습동기를 지닌 학습자로 봅니다. 새로운 것을 배우는 것을 좋아하고 배운 것을 완전히 습득하기 위해 꾸준히 학습하는 존재로 상정합니다. 둘째, 지식과 풍부한 학습자원을 활용할 줄 아는 학습자로 봅니다. 상당한 사전지식을 가지고 있으며 이를 활용해 의미 있고 사용 가능한 정보로 만드는 데 능통하다고 봅니다. 마지막으로 전략적이며 목표지향적인 학습자로 상정합니다. 자신의 장단점을 잘 알고 있어 비효율적인 전략과 계획을 사용하지 않으며 효과적인 학습전략과 전술을 찾아 최적화된 학습을 실천하는 존재로 봅니다.

보편적 학습설계는 학습자의 다양한 학습 요구에 충실히 반응하기 위해 세 가지 원리를 제시합니다. 첫째, 참여의 원리로서 다양한 참여 수단을 보장하는 것을 뜻합니다. 학습에 동기부여 되는 방식과 내용이 학생마다 다양하기 때문입니다. 둘째, 표상의 원리로서 다양한 표상 수단을 제공하는 것을 의미합니다. 학습 내용에 접근할 때 텍스트뿐만 아니라 실물, 동영상, 그림 등 다양한 선택권을 제공하여 학습자가 자신에게 맞는, 좀 더 자신이 편하게 느끼는 방식으로 학습 내용에 접근할 수 있는 기회를 제공하는 것을 뜻합니다. 마지막으로, 행동과 표현의 원리로서 다양한 방식의 행동과 표현 수단을 제공하는 것을 뜻합니다. 이를 통해 학습자들이 배움에 좀 더 쉽게 다가설 수 있는 높은 접근성을 제공해야 한다는 의미입니다.

보편적 학습설계 접근법이 제시하는 세 가지 원리는 우리 뇌의 신경 네트워크 체계와 연결되어 있습니다.[31] 과거에 비교해 한층 발전된 신경과학 연구 성과가 반영된 결과로서 학습자에게 똑같은 정보를 제공하더라도 개인마다 다양한 학습 결과가 나오는 이유를 잘 설명해 주고 있습니다. 우리의 뇌에는 세 가지 신경 네트워크가 있어 학습의 세 가지 근본적 측면을 관장하는데, 네트워크를 통해 이루어지는 정보처리방식의 개인차로 인해 다양한 학습 결과가 나오는 것입니다. 첫째, 참여의 원리는 정서적 네트워크(전두엽 영역)와 관련 있습니다. 학습에 대한 동기와 관심에 따른 차이를 설명해 주며 왜(why) 배우는가와 연결됩니다. 정서적 네트워크 지원을 위해서는 학습 내용과 도구의 선택권 제공하기, 적정한 수준의 도전과 지원 제공하기, 다양한 보상 또는 인센티브 제공하기, 학습 맥락에 따른 다양한 선택 제공하기와 같은 조치가 필요합니다. 둘째, 표상의 원리는 인지적 네트워크(두정엽, 후두엽, 측두엽 영역)와 관련 있습니다. 인지적 네트워크는 정보수집 기능을 담당하며 학습에 있어서 무엇(what)을 배우는 가와 연관 있습니다. 각각의 개인은 다양한 방식으로 정보를 인식하고 이해하기 때문에, 모든 학습자의 요구를 충족시킬 수 있는 단일 표상 매체는 존재하지 않습니다. 그렇기 때문에, 다양하고 융통성 있는 제시 방법을 제공해야 한다는 주장입니다. 마지막으로, 행동과 표현의 원리는 전략적 네트워크(변연계 영역)와 관련 있습니다. 전략적 네트워크는 수집된 정보를 구조화하고 알고 있는 바를 실제로 표현하는 것과 관련 있으며 학습에 있어서 어떻게(how) 학습하는가와 연결됩니다. 전략적 네트워크 지원을 위해서는 지속적이고 적절한 피드백을 제공하거나 지원과 함께 구체적인 연습 기회를 제공하는 등 다양하고 융통성 있는 표현 및 연습 방법을 제공하는 게 필요합니다.

지금까지의 서술을 종합하면 다음과 같이 표로 정리할 수 있습니다.[32] 학생들의 다양함을 인정하고 이해하는 차원을 넘어서 학생들이 선생님의 코칭을 통해 다채롭게 성장할 수 있으면 좋겠습니다.

보편적 학습설계 수업 실천을 위한 프레임 워크

목적	모든 학습자들의 학습권 보장을 통한 학습 전문가 양성		
개념	모든 학생에게 학습의 장애를 제거하고 출발선에서부터 모든 학습자의 요구를 충족시킬 수 있는 수업을 설계하는 것		
학습자상	풍부한 학습자원과 지식을 활용할 수 있는 학습자	전략적이고 목표지향적인 학습자	목적의식과 학습동기가 뚜렷한 학습자
원리	**표상** 다양하고 융통성 있는 제시 방법 제공	**행동과 표현** 전략적이고 목표지향적인 학습자	**참여** 목적의식과 학습동기가 뚜렷한 학습자
네트워크	**인지적 네트워크** ● 다양한 사례 제공 ● 핵심적인 특징 강조 ● 다양한 매체와 형태로 제공 ● 배경 맥락 제공	**전략적 네트워크** ● 융통성 있고 고도로 숙련된 수행모델 제공 ● 지원과 함께 연습 기회 제공 ● 지속적이고 적절한 피드백 제공 ● 기능을 시범 보일 수 있는 융통성 있는 기회 제공	**정서적 네트워크** ● 내용과 도구에 관한 선택권 제공 ● 조절 가능한 도전 수준 제공 ● 보상에 관한 선택권 제공 ● 학습 맥락에 선택권 제공
수업전략	● 학습목표 조직화 ● 질문의 다양화 ● 핵심 개념의 이해 ● 미니 수업 ● 그래픽 조직자	● 표현 방법 선택 ● 학습 메뉴 ● 학습 선택판 ● 시행착오 경험 제공 ● 평가 체크 리스트	● 학습 속도의 다양화 ● 상호작용 기회 제공 ● 전문가팀 ● 차등적 과제 ● 학습일지
	〈공통 전략〉		
	이퀄라이저, 다양한 도구와 자료, 지속적이고 적절한 피드백, 유연한 집단 편성, 학습계획서		

별별 학습코칭
에필로그

읽기와 기록을 중심으로

공부 동기와 시간관리를 중심으로

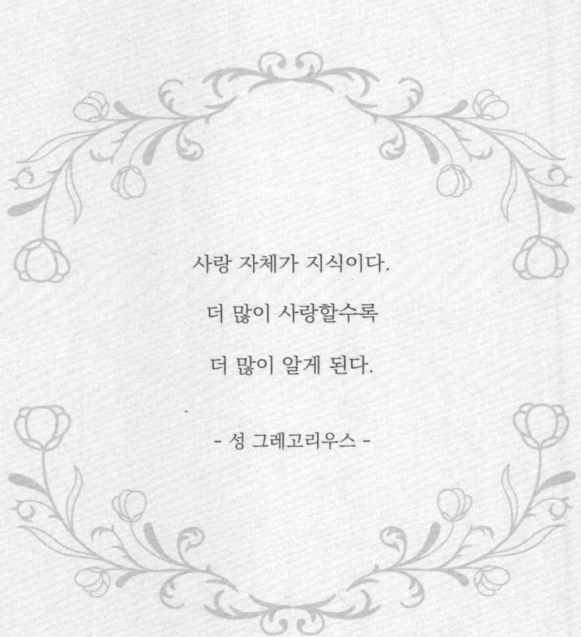

사랑 자체가 지식이다.

더 많이 사랑할수록

더 많이 알게 된다.

- 성 그레고리우스 -

읽기와 기록을 중심으로

학습코칭에서 읽기와 기록은 공부의 주춧돌 역할을 합니다. 평생학습 시대에 지속 가능한 읽기 및 쓰기 전략 코칭 시 유의할 사항과 교실 안팎에서의 다양한 학습 코칭 실천 사례를 질의응답식으로 소개하겠습니다.

Q **'지속 가능한' 읽기 전략이 무엇인가요?**

A 학생에게 지속 가능한 읽기 전략이란 읽기 전략을 배운 학생이 교실 안과 밖에서 평생 학습자로 이를 실천하는 것을 의미합니다. 다양한 학습 상황에서 누군가가 점검하지 않아도, 자발적으로 전략을 적용하는 것입니다. 학교를 졸업하고 성인으로 살아갈 때도 읽기 및 기록 전략을 꾸준히 활용하는 것과 또한 자신에게 더 효과적으로 전략을 변형하는 것까지 포함합니다. 교사의 입장에서의 지속 가능한 읽기는 바쁜 일상 가운데서도 큰 부담 없이 실천할 수 있는 마음을 갖게 하는 것을 의미합니다.

Q 지속 가능한 읽기 전략을 수업하고 코칭하면서 어려웠던 점이 있으셨나요?

A 학생들에게 처음 읽기 전략을 가르칠 때 학생들은 읽기 전략 자체에 대해 예상보다 훨씬 어려워했습니다. '이런 걸 왜 하지?'라는 반응이 많았습니다. 좋은 방법을 습관화하는 데에는 원래 어려움이 있는 법이지라고 생각하면서 계속 밀고 나갔습니다. 수업시간 중 몇 차시를 정해 읽기 전략을 점검하고, 평가까지 연결하니 하기 싫어했던 학생들도 억지로 따라오기는 했습니다. 그런데 연습하고 평가하는 시간이 끝나니까 학생들이 읽기 전략을 활용하지 않았습니다. 억지로 겨우 따라오던 학생들 뿐만 아니라 읽기 전략의 단계를 성실히, 열심히 했던 학생들도 자기 스스로는 읽기 전략을 사용하지 않았습니다. 읽기 전략을 활용하는 학생들이 거의 없었습니다. 읽기 전략을 한 번 배워놓으면 점검하지 않아도 알아서 하겠지 했는데 완전 예상이 빗나갔습니다.

Q 학생들이 읽기 전략을 지속적으로 활용하지 않은 이유는 무엇일까요? 그리고 학생들이 자신의 학습에서 이 읽기 전략을 스스로 적용하게 하려면 어떤 것이 필요할까요?

A 그렇게 힘들게, 열심히 배운 읽기 전략을 활용하지 않는 가장 큰 이유는 귀찮다는 것이었습니다. 읽기 전략의 전반적인 단계에서는 '생각하기'의 과정이 필요합니다. 스스로 생각해야 하는 과정을 학생들은 매우 귀찮아했습니다. "선생님, 그냥 정리해서 주세요.", "질문의 답을 교과서 보고 베껴 적으면 안 될까요?", "저는 이렇게 안 해도 시험 잘 볼 수 있는데요?" 등의 이야기를 하곤 했습니다. 또 다른 이유는 SQ4R이라는 낯선 용어와 여섯 단계로 나누어놓은 이 전략이 너무 어렵게 느껴진다는 것이었습니다. "무언가 거창하고 어려운 것을 배우는구나. 아, 하기 싫다.", "그냥 책 읽는 것도 싫은데 뭔 단계가 이리 많고 용어도 어려워?"라고 생각하게 된다고 합니다. 일단 싫은 감정이 있

다 보니 선생님이 아무리 좋은 말을 해도 다 삐딱하게 들렸다고 합니다. '읽기 전략을 학생들이 자발적으로, 기쁘게 활용하려면 진짜 필요한 것이 무엇일까?' 라는 질문을 제 자신에게 계속 던지게 되었고 그 과정 가운데 몇 가지를 깨닫고 다시 수업에 적용했습니다.

학생들에게 동기부여 할 때, 어떠한 이론이나 좋은 사례를 이야기하는 것은 생각보다 효과가 크지 않았습니다. '읽기 전략을 활용하니 이렇게 좋구나.'라는 것을 일단 경험하게 해줘야 합니다. '내가 훑어보기와 질문하기를 통해 예습하니 수업이 더 흥미있어지네?', '내가 만든 질문 덕분에 선생님과 친구들이 더 재밌는 수업을 하게 되네?', '베껴 적지 않고 떠올려 적으니 더 기억에 오래 남았네?', '연결하기라는 단계를 통해 교과서의 지식을 나와 관련지어 보니 생각보다 괜찮네?'와 같은 경험을 쌓는 것이 중요합니다.

그리고 SQ4R의 용어의 각 영어단어의 철자를 어려워하기도 합니다. 영어로 된 용어를 조금 쉽게, 학생들의 말로 바꾸는 것도 좋은 방법입니다. 어떤 학생이 수업시간에 "선생님, 훑어보기와 질문하기를 줄여서 '슥질'이라고 하면 어때요? 어때요? '스윽~ 훑어보고 질문한다!'를 줄여서 슥질이요."라고 의견을 냈습니다. 그래서 칭찬해주면서 "진짜 좋은 생각이야. 얘들아, 앞으로 SQ 단계, 훑어보기와 질문하기는 '슥질'이란 말을 쓰자."라고 한 뒤에 실제로 수업 시작 전에 "얘들아, 슥질하자."라고 하니 학생들도 즐거워했습니다. 수업시간 중 교과서에 '평생학습'이라는 단어가 나왔습니다. 그랬더니 어떤 학생이 "아니, 평생 공부해야 한다고요? 왜요? 학교 졸업하면 공부 안 해도 되는 거 아니었어요?"라며 울상을 짓던 그 표정이 지금도 생생히 기억납니다. 그런데 결국 우리는 평생 무언가를 배우면서 살게 되잖아요. 그 학생이 평생학습이라는 말을 싫어했던 이유는 나에게 큰 의미가 없는 것을 배워 시험 보고 숫자로 평가받는 형식의 학습, 공부에 익숙해졌기 때문입니다. 읽기 전략을 통해 아주 작은 부분이라도 배움의 즐거움을 느끼고 나의 삶과 연결된 배움을 경험한다면 이는 학생들의 전 생애에 걸쳐 정말 큰 자산이 될 것입니다.

Q 그런데 이런 읽기는 기록하는 것과 이어져야 합니다. 선생님들이 학습지를 제작해 학생들의 기록을 대신하는 경우가 많은데 학생들이 어떻게 스스로 노트 필기를 하게 하셨나요?

A 학습 코칭의 여러 전략 중에서 학생들이 가장 힘들어하는 활동이 바로 읽기와 기록입니다. 그래서 기록 전략을 들어갈 때마다 학생들이 어렵고 귀찮다고 포기할까봐 시작부터 약간 긴장을 하였습니다. 해가 거듭될수록 기록 전략을 시작할 때 '왜'에 방점을 두기보다 '다름을 인정'하고 들어가는 것에 비중을 두기 시작했습니다. 왜냐하면 기록의 중요성을 알았다고 해서 학생들이 기록하고 싶은 마음이 들지는 않기 때문입니다. 그래서 단계별로 전략을 세워나가기 시작했습니다.

처음에는 어떤 방법도 알려주지 않고 모두 A4 종이 한 장만 주었습니다. 똑같은 텍스트를 읽거나 동영상을 함께 보고 난 후 각자의 노트에 텍스트나 영상에서 기억에 남거나 의미 있는 내용을 기록해보게 했습니다. 그리고 각자 기록한 내용을 비교하면서 공통점과 차이점을 찾아보게 했습니다. 예를 들어 대다수 학생들이 제목이나 단원명을 적었는데 적지 않은 친구들이 있었습니다. 적은 친구들에게 왜 적었는지 물어보니 내용을 찾기 쉽고 한눈에 들어온다는 것이었습니다. 제목이나 단원명을 적지 않은 친구들에게도 불편함이 없었는지 물어보았습니다. 그리고 페이지나 날짜를 적은 몇몇 친구들 있었는데 이유를 물어보았습니다. 이 과정을 통해 학습 유형별로 나타나는 차이점과 같은 유형별로 보여지는 공통점을 찾을 수 있었습니다. 이렇게 활동한 후 '내가 배운 것을 제대로 학습하기 위해 필요한 기록의 요소에는 무엇이 있을까?'라는 질문을 했고, 대중에게 많이 알려진 코넬 노트의 형식에 따라 '학습 기록의 5단계 요소'를 알려 주었습니다. 그다음 처음 기록했던 같은 내용으로 이 5단계에 맞게 재정리해서 비교해보았습니다. 그랬더니 각 학습 유형별로 긍정적인 반응과 부정적인 반응이 나왔습니다. 주로 네모형 학생들은 코넬 노트의 형식과 기록의 5단계 요소가 자기의 기존 기록방법의 단점을 보완하고 성장시켰다고 피드백 했지만 그렇지 않은 학생들이 의외로 많았습니다. 이것이 가장 큰 깨달음이었습니다. 코넬 노트가 대표적인 노트 형식이긴 하지만 모든 사람에게 효과적인 것은 아닙니다. 코넬 노트가 네모형 학생에게는 도움이 될 수 있겠지만 다른 유형의 학생들은 코넬 노트를 답답해하기도 하고 또 왜 이렇게 적어야 하는지 그 형식에 거부감을 가지기도 했습니다. 그래서 코넬 노트 외에 대중화된 다양한 노트법을 다시 알려주었고, 이렇게 여러 노트법 중에 자신이 원하는 노트 형식을 선택하게 했더니 학생들의 얼굴이 밝아지고 더 집중하는 모습을 보였습니다. 그리고 한 단계 더 나아가 '생각은 담되 각자의 유형별로 형식을 좀 더 자유롭게 적용해 볼 수 있지 않을까?'라는 고민을 하게 되었고 분할 노트법을 구상하게 되었습니다. 이 방법은 선생님들도 쉽고 간단하게 적용할 수 있습니다. 학생들 또한 내용을 먼저 생각한 다음 노트 형식을 선택할 수 있어서 교과 내용을 정리하거나 특정 주제를 다루는 수업에서 생각을 정리하고자 할 때 효과적으로 사용할 수 있습니다.

Q 읽기 및 기록 전략을 적용할 때 학생들이 가장 힘들어하는 부분 중 하나가 바로 '질문하기' 단계였는데 영어 교과에서는 질문 만들기를 어려워하는 학생들을 어떻게 지도하셨는지 사례를 설명해주세요.

A 먼저 질문 만들기가 영어 공부, 특히 영어 독해 활동에 큰 도움이 된다고 동기부여를 했습니다. 영어의 경우 많은 지문을 다루는데, 이때 어휘나 개별 문법과 같은 나무를

보게 하는 활동도 중요하지만, 글의 논리적 구성이나 의미 파악에 중점을 두는 숲을 보는 활동도 중요하다는 점을 강조했습니다. 질문은 내가 읽은 내용을 제대로 이해하고 있는지를 스스로 돌아보는 데 아주 좋은 도구라고 동기부여 했습니다. 그리고 질문 만들기 활동을 단계별로 도입하는 게 필요합니다. 질문 생성 전략에 조금씩 익숙해지도록 하는 것입니다. '가랑비에 옷 젖는다.'라는 속담처럼 말입니다. 부담감을 많이 느끼게 처음부터 QAR 모형을 길게 설명하기보다는 제가 평상시 만드는 학습지를 통해 학생들이 QAR 질문을 천천히 자연스럽게 경험하게 했습니다. 나중에 '아, 선생님이 지금 설명한 게 그동안 우리가 배웠던 학습지에 있었던 거였구나.'하고 느끼게 합니다.

Q 질문을 중심으로 읽기와 기록을 지속시키기 위해 했던 피드백 활동이 있었나요? 그리고 질문을 통해 수업할 때 어려운 점이 무엇이었나요?

A 수업 시작 전 책을 훑어보고 질문을 만든 후 만든 질문은 노트에 기록하게 하였습니다. 이를 습관화하기 위해 노트필기를 수행평가에 반영하였습니다. 학생들에게 미리 수행평가 항목을 알려주었고, 노트에 만든 질문 중 교과서에 답이 없는 질문을 과학 서적을 통해 조사해 기록한 경우 추가점수를 주어 과학에 관심이 있는 학생들이 스스로 공부할 수 있게 하였습니다. 질문을 통해 수업할 때 어려웠던 점은 교사가 학생들의 모든 질문에 답을 해주어야 한다는 생각을 버리는 것이었습니다. 하지만 교사도 계속 공부하는 모습을 보여주는 것이 중요하다고 생각합니다. 제가 가르쳤던 한 학생의 경우, 항공우주 관련 질문에 답을 찾기 위해 인터넷을 검색하여 대학교수들에게 이메일을 보내기도 했습니다. 아쉽게도 교수님들께 답변을 듣지 못해 속상해 하긴 했지만 그 과정 자체를 모든 친구 앞에서 칭찬하며 관련된 책을 추천해주었습니다. 중력 단원 수업을 할 때는 예상하지 못한 다양한 질문이 나와서 당황한 적도 있었습니다. 질문 중에는 답을 바로 해 줄 수 없는 어려운 질문도 있었습니다. 질문을 한 학생에게 훌륭한 질문을 한

것에 대해 칭찬해주었고 선생님이 대학 때 배웠는데 기억이 잘 안 나니 찾아보고 다음 시간에 설명해주겠다고 하였습니다. 실제로 대학에서 배운 일반물리학 책에서 답을 찾았는데 미적분을 알아야만 풀이 과정을 이해할 수 있었습니다. 그래서 과학을 좋아했던 중학생에게 일반물리학 책을 가져가 보여주며 수학의 중요성을 이야기하는 기회가 되기도 하였습니다. 모든 질문에 답해야 한다는 부담감을 내려놓는 것이 어려웠지만 학생들의 질문을 통해 수업 준비를 더 깊게 할 수 있었고 질문을 한 친구를 칭찬할 수 있는 기회가 되었습니다. 학생들의 질문을 통해 살아있는 수업을 할 수 있었습니다.

Q 질문을 통해 책을 읽고 토론하는 것을 실천한 예를 나눠주실 수 있을까요?

A 둘째 셋째 딸이 초등 4, 5학년 때 마을 학생들과 학습코칭을 하였습니다. 철학, 역사, 과학, 수학 관련 책을 차례대로 한 권씩 학생들과 정해서 함께 읽었는데 매주 숙제로 읽은 부분을 노트에 3줄로 요약하기와 3개의 질문을 만들어 오게 하였습니다. 〈나니아 연대기〉를 읽을 때는 보드게임 중 '치킨 차차'를 응용해 '나니아 차차'를 만들어 게임을 하였고, '한국사 편지'를 함께 읽을 때는 그냥 읽고 넘어갈 수 있는 역사적 사실을 질문하고 토론하니 외우는 과목이었던 역사가 그 시대를 이해하고 지금과 연결 지어 교훈을 얻는 시간이 되었습니다.

나니아 차차 보드게임

<마당을 나온 암탉>을 읽고 주인공 잎싹이를 자신과 연결하는 질문을 해보았습니다. 예를 들어 "잎싹은 자신의 이름을 스스로 '잎싹'이라고 짓습니다. 잎싹이 지은 이름은 무슨 뜻인가요? 자신의 이름을 의미를 담아 새롭게 만든다면 어떤 이름을 짓고 싶어요?"라고 질문하면 학생들은 책에서 잎싹의 이름의 뜻을 찾아본 후 자신의 이름을 의미를 담아 지어 보았습니다. 질문을 만들 때는 책 속에서 찾을 수 있는 핵심질문으로 시작해 '만약에'라는 상상 질문으로 확장해나갔습니다. 과학 관련 책만 편식했던 저도 다양한 책을 읽게 되는 계기가 되었고 모든 분야를 다 알아야 한다는 부담에서 벗어나 오히려 학생들과 질문하면서 함께 배우는 시간이 되었습니다.

Q **근무하시는 학교에서 학습코칭 수업을 하고 계시잖아요. 구체적으로 어떤 교육과정으로 구성하시는지, 학습코칭 수업에 대한 학생들의 반응은 어떤가요?**

A 중학교 1학년 학생들을 대상으로 일주일에 한 차시 학습코칭 수업을 하고 있습니다. 이 수업은 모둠 형태로 진행되는데 각 모둠에는 모둠장 선생님이 계십니다. 학기 초에는 모둠별로 맛있는 간식도 먹고, 보드게임도 하며 청소년들에게 맞춰 개발된 질문카드를 활용해 대화도 나누면서 관계를 쌓아갑니다. 몇 주 동안 관계 세우기 활동을 한 후에는 시간의 가치, 중요성에 대해 동기부여 한 후 플래너를 함께 작성합니다. 처음 한 학기에는 학교에서 만든 동일한 양식의 플래너로 연습을 하고 다음 학기에는 자신만의 형식으로 플래너를 구성할 수 있는 선택권을 줍니다. 매 수업을 시작할 때 10분 정도는 플래너를 활용해서 대화를 나눕니다. 한 주 동안 어떤 일이 있었는지, 플래너 쓰면서 좋았던 점, 힘들었던 점 등을 모둠장 선생님과 일대일로, 또는 모둠 친구들과 함께 나눕니다. 이 플래너 대화는 1년 내내 이어집니다. 1학기에는 '자립'이라는 주제로 학생들이 자신의 시간, 삶을 스스로 관리할 수 있도록 돕는 수업을 진행합니다. 스스로 기상하기, 이불 개기, 음식 만들어서 가족에게 대접하기 등의 자립 프로젝트를 합니다.

2학기에는 학습코칭의 다양한 전략을 배웁니다. 모둠장 선생님들과 매해, 함께 교육과
정을 논의하고 변형합니다. 공동의 지혜로 만들어가는 수업이라는 것이 큰 장점입니
다. 시험과 방학 기간의 앞뒤에는 다가오는 시간을 잘 활용하기 위해 모둠 선생님과 일
대일로 미리 계획을 세우며 실행 여부를 점검합니다. 시험과 방학이 지났을 때는 결과
를 분석하며 성찰의 시간을 갖습니다. 학습코칭 수업을 통해 학생들이 학교에서 배우
는 수업과 교육과정을 의미 있게, 하나하나 스스로 해낼 수 있도록 돕고 있습니다. 바
쁘게 돌아가는 학교에서 시간을 내어 자신의 이야기를 따뜻하게 들어주는 어른, 선생
님이 있다는 것이 학생들에겐 중요합니다. 그리고 그것은 학생들의 학교생활에 안정감
을 주는 요소가 됩니다.

**ⓠ 자유학기제 주제선택 수업에 학습코칭을 적용하고 계시는데, 학습코칭에 대
한 학생들의 반응과 피드백이 어땠나요?**

ⓐ 자유학기제가 학교 현장에 도입되면서 거의 모든 선생님이 자신의 교과보다 더 신경 쓰
인다고 말하는 수업이 바로 예술선택과 주제선택 수업입니다. 블록 수업으로 진행되고
전체 반을 섞어서 운영하다 보니 학생들의 분위기도 대체로 많이 들떠있고 의미 있는
수업을 하는 것이 현실적으로 어렵다고 말합니다. 매년 주제선택 수업을 항상 제 교과
의 심화 융합 수업으로 해오다가 3년 전부터 '학습코칭' 수업을 진행하고 있습니다. 학
습코칭의 다양한 콘텐츠를 활용하면 34차시를 꽉 차고 알차게 준비할 수 있어서 오히
려 주제선택 수업에 대한 고민과 부담을 날려버릴 수 있게 되었습니다.

작년에 저는 2학년 담임이었는데 1학년 주제선택 수업을 하게 되었습니다. 그래서
처음에 저를 잘 모르고 '백 선생의 맛있는 공부 레시피'라는 주제선택 수업 강좌명만 보
고 신청했던 1학년 학생들이 요리 수업으로 착각을 하고 신청을 했습니다. 처음에는

실망하는 기색이 역력했지만 알차게 준비한 수업에 점점 몰입했고, 나중에 학기가 끝날 때쯤엔 실제로 맛있는 요리를 즐겁게 해 먹기도 했습니다. 학습코칭을 처음 시작할 때 주변 선생님들은 공부에 관련된 강의이다 보니 학생들이 잘 선택하지 않을 거라고 예상했는데 실제로는 학년에서 가장 인기 있는 강좌가 되어 높은 경쟁률로 인해 신청조차 못 했다며 달려와 하소연하는 학생들도 많았습니다. 작년 1학기 때는 학습코칭 전 영역을 거의 훑으면서 다루었는데요, 2학기 때에 그 학생들이 절반 이상 재수강을 해서 곰곰이 생각한 끝에 학습 동기 활동을 한 후 시간관리, 읽기와 기록 전략 이렇게 3가지 영역만 심화해서 집중적으로 다루기로 했습니다. 깊게 배우는 과정을 통해 학생들은 쉬는 시간까지도 활동을 이어갈 정도로 즐겁게 배웠고, 저에게도 지난 한 해는 또 다른 큰 배움의 시간이었습니다. 학생들은 누구나 공부를 잘하고 싶어 합니다. 그런데 "선생님, 어떻게 공부하면 되죠?"라는 물음 앞에 교사는 학습을 코칭할 수 있는 코칭자로 설 수 있도록 준비돼야 합니다.

Q 선생님, 진짜 요리를 하는 시간도 있었다고 하셨는데, 그와 관련된 에피소드가 있으셨나요?

A 학기 초에 했던 '여행을 떠나요'는 같은 유형끼리 활동을 하는 수업이었고, 학기 말에 했던 '다 같이 요리해요'는 서로 다른 유형이 섞여서 재료를 준비하고 간식을 만드는 활동이었습니다. '다 같이 요리해요' 활동을 하면서 어떤 친구는 주도적으로 계획을 세우고, 어떤 친구는 준비물을 분배하고, 각자 준비물을 맡고 또 음식을 만드는 모습을 보면서 다른 유형과 나의 다름을 이해하고 인정하는 것이 참 의미 있었음을 학생들도 경험할 수 있었습니다.

그리고 나중에 알게 된 것이었지만 저희 반에는 동그라미 유형의 학생들이 참 많았습니다. 그래서 1학기 때 대충 과목명을 잘못 보고 들어온 학생들이 많았습니다. 그런데

2학기 때 입소문을 탄 후 들어온 학생들의 학습유형을 체크해보니 배우고자 하는 욕구로 가득 찬 네모형 학생들이 참 많았습니다. 그래서 학습코칭 심화반을 기획했고, 이렇게 학생들의 유형을 알고 나니 학습의 필요도 알게 되어 더 깊고 알찬 수업을 할 수 있었습니다.

Q 학습코칭을 한 후 기억에 남는 친구가 있었나요?

A. 가장 기억에 남는 친구가 저희 반에서 가장 큰 세모형 학생이었어요. 세모형 학생의 특징 중 하나가 자존심입니다. 이 학생은 동학년에서 힘을 좀 쓰는 그런 학생이었는데 마찬가지로 수업시간마다 항상 딴지를 걸었습니다. 제가 속으로 '넌 여기 왜 들어 왔니?'라고 생각할 정도였습니다. 예를 들어 시간관리 전략에서 '168만원이 입금되었습니다'라는 활동을 했었는데요. 다른 학생들은 '부모님 뭐 사드린다, 용돈을 드린다.' 등등 계획을 세웠는데 이 학생은 그런 게 없었습니다. 부모님이 섭섭해하시지 않겠냐고 물었더니 '자기가 번 돈도 아니고 이렇게 쉽게 생긴 돈으로 부모님께 뭘 해주고 싶지 않다.'고 하였습니다. '와~' 하고 칭찬해주었습니다. 비슷한 활동과 피드백 속에서 이 학생을 많이 인정해주었고, 저와의 관계가 좋아졌습니다. 매번 연필 한 자루도 안 가져오던 학생이 샤프랑 지우개까지 가져와서 기록 전략을 공부할 때 진지한 모습으로 노트 정리를 했습니다. 어느 쉬는 시간에 친구들이 놀려고 우르르 몰려왔는데 이 학생이 노트를 심각하게 정리하는 모습을 보고는 눈이 휘둥그레지면서 "너 뭐하냐? 혹시, 공부하냐?"

라고 말하는 것입니다. 그러면서 저에게 "선생님, 여기 오면 저렇게 공부하게 되는 거에요?"라고 놀라서 물었던 것이 기억에 남습니다.

Q 자녀와 마을 학생들이나 친구들을 함께 학습코칭 할 때 좋았던 점은 무엇이었나요? 그리고 자녀를 학습코칭 할 때 신경 써야 할 것은 무엇이 있나요?

A 선생님들이 학교에서 학생들을 열심히 가르치시지만, 막상 자기 자녀를 가르치거나 코칭하는 시간을 일정하게 확보하기가 쉽지가 않습니다. 급한 일로 우선순위에서 밀리기 쉽기 때문입니다. 그런데 마을 학생들이나 친구들과 함께 자녀를 학습코칭을 하는 경우 시간에 대한 강제성이 있기 때문에 정해진 시간에 자녀를 코칭 할 수 있어 좋았습니다. 그리고 마음 열기 활동이나 보드게임을 하며 자녀들의 마음을 알고 함께 즐겁게 게임을 하는 시간도 좋았습니다. 그런데 어느 날 둘째 딸이 엄마는 친구만 칭찬하고 자기는 신경 쓰지 않는다며 불만을 이야기해 당황한 적이 있었습니다. 저도 모르게 마을 학생들을 더 신경 쓰고 칭찬을 하였던 것입니다. 자녀와 친구들을 함께 학습코칭 할 때는 모두를 동등하게 칭찬하고 마음이 어디에 기울지 않도록 하는 것이 중요합니다. 이러한 경험은 교실로 이어져 칭찬으로부터 소외되는 학생이 없도록 마음을 쓰는 계기가 되었습니다.

마을 학생들과 자녀 학습코칭

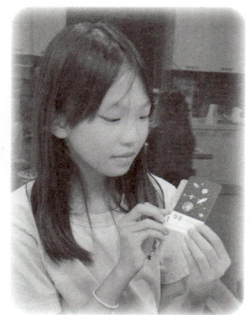
비유카드로 자녀 마음 읽기

Q 학부모 학습코칭 모임에 대해 좀 더 자세히 설명해주시겠어요?

A 학부모 학습코칭 연구모임은 약 5년 전에 시작되었어요. 학부모님들 중에 신청을 받아서 진행했었고, 기본과정과 심화 과정을 각 1년씩 진행했습니다. 학부모님들께서 그 과정 이후에 자유롭게, 자발적으로 계속 모여서 연구를 하셨습니다. 플래너와 학습코칭 관련 연수도 받으시고 책 나눔도 지속적으로 하셨습니다. 처음 진행할 때는 학습코칭의 전반에 대해 배우면서 전략별로 책을 1~2권씩 읽고 발제와 나눔을 했습니다. 그 후 방과 후에 학생들 대상으로 학습코칭 모임을 진행하시는 학부모님들도 계셨고, 그 것이 좀 더 발전되어서 현재는 정규 시간표 안에 있는 학습코칭 수업시간에 모둠 선생님으로 함께 하고 계십니다. 현재도 학부모 학습코칭 연구모임이 학교 내에서 진행되고 있는데 5년 전에 연구모임을 시작하신 선배 학부모님들께서는 그 모임의 모둠장으로 함께 하기도 하십니다. 최근의 학부모 학습코칭 연구모임은 1년 과정으로 진행됩니다. 1학기에는 공부 동기와 철학에 대해 공부하고, 2학기에는 〈교실 속 학습코칭〉 책을 함께 공부해요. 모임을 하면서 학부모님들께서 진정한 공부, 배움이란 무엇인지 고민하는 모습이 참 인상적이었습니다. 그리고 학습코칭의 내용을 자녀들과 좋은 관계를 세우면서 어떻게 적용할지에 대해서도 고민하셨습니다. 학부모 학습코칭 모임도 모둠으로 진행되는데, 모둠장인 선배 학부모님과 모둠원인 후배 학부모님들이 서로 공감하고 지지하며 공동체가 되어가는 모습도 정말 좋았습니다.

A 교육의 3주체 중의 하나인 학부모가 교사와 학생과 연대해서 학교 교육 활동에 참여하시는 모습이 참 보기 좋습니다. 많은 학교에서 관행적으로 일회적인 학부모 교육을 하고 있는데요, 학부모님들도 교사들처럼 그 모임 안에 전문적 학습공동체가 제대로 설 수 있도록, 학교 차원에서 만남의 장을 마련하여 적극적으로 지원해야 한다고 생각해 보았습니다. 하지만 선생님 중에는 학부모님의 참여를 최소화해야 한다고 생각하시는

분들도 계신다는 것을 알고 있습니다. 저는 학년 부장과 학부모회 담당 부서장을 경험하면서 학부모님들 중에서는 그야말로 민원인으로 학교에 오시는 분들도 계시지만, 뭔가 학교를 위해 도움이 되고 싶은 마음으로 오시는 분들도 계신다는 것을 깨닫게 되었습니다. 이렇게 학교 교육 활동에 참여하고자 하시는 학부모님들의 긍정적인 에너지를 '학습코칭'이라는 매개로 수렴해서 선순환 구조를 만들어 낸다면 우리가 바라는 학교 교육력을 통한 학생 성장이 더욱더 가능해지리라 생각합니다.

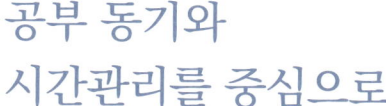

공부 동기와
시간관리를 중심으로

학습코칭의 가장 큰 목표 중의 하나는 학생이 자기 주도적인 학습을 하도록 성장 동기를 높여주는 것입니다. 그리고 공부 습관을 들이도록 시간관리 능력을 길러주는 것입니다. 공부 동기와 시간관리에 대해서 고민하고 실천해보았던 선생님들의 다양한 실천 사례를 질의응답식으로 나누겠습니다.

Q 교과 교사로서 과목별 수업에서 학생 개인적인 성장 동기를 세운 코칭 사례로 무엇이 있을까요?

A 어려운 철학 수업을 쉽고 재미있다고 생각할 수 있게 마음 열기 시간을 많이 가지고 학생들과 수업을 세워갔습니다. 다양한 활동을 통해 마음을 열고 철학 교과를 통해 1년 동안 우리가 함께 만들어갈 수업이 무엇인지를 공유하고 생각해 보는 시간을 충분히 가졌습니다. 이렇게 마음을 여는 기초 작업에 공을 많이 들였습니다. 그리고 수업으로

들어가서 학생들과 철학 수업이 어렵지 않다는 생각이 들도록 쉽게 접근했습니다. 그 예로 철학자 이름을 가지고 학생들과 기억하기 쉽게 만들어보기를 했습니다. 예를 들어 파르메니데스, 헤라클레이토스, 아낙시메네스, 아낙시만드로스 등 듣기만 해도 어려운 철학자 이름을 외울 방법을 학생들과 함께 고민해 보았습니다. 학생들이 '파르메니데스는 파리가 많이 죽었다. 헤라클레이토스는 헤라가 클레이를 토스했다. 아낙시만드로스, 아낙시 메네스는 아낙시가 만들고 아낙시가 맸다.'라고 하면서 즐겁고 재미있는 분위기 속에서 어려운 철학자 이름을 부르다 보면 어느새 학생들에게 익숙해집니다.

기초 학력이 낮은 학생들 철학 수업을 하게 되었는데 고등학교 철학 수업 내용이 너무 어렵다보니 힘들어하는 경우가 많았습니다. 그래서 초등학교 논술 수업용 철학책을 여러 권 준비해서 학생들과 읽기, 쓰기 전략으로 정리하게 하고 그것을 고등학생 언어로 풀어주어 철학을 쉽다고 느끼며 공부하도록 도왔습니다. 평소 공부에 재미를 못 느끼던 학생이 자주 교무실에 와서 철학 관련 질문을 하니 그 친구를 가르치시는 다른 선생님께서 "넌 왜 철학 공부만 하니?" 라는 질문에 "철학은 쉽잖아요!!"라고 대답하는 것을 보고 학생들이 교과 수업을 쉽고 재미있다고 생각하는 것이 공부를 시작하게 되는 동기가 된다는 것을 알게 되었습니다.

Ⓐ 별형 선생님은 네모형 교사인 저와는 많이 다르다는 것을 새삼 느끼게 됩니다. 저는 수업에서 재미와 흥미를 이야기했던 적은 별로 없었습니다. 의미와 필요성을 설명해서 동기부여를 많이 했습니다. 동기부여의 방식도 교사 유형에 따라 다른 것 같습니다. 수학은 동기부여를 하기가 참 어려웠습니다. 수학을 포기하겠다고 마음을 먹은 학생들을 어떻게 함께 데리고 갈 것인가에 대한 고민이 컸습니다. 한 번은 수학 공부의 현실에 대해서 구체적이고 현실적으로 이야기를 해주었습니다. 조금만 노력해서 수능을 한두 문

제만 더 맞았을 때 등급이 어느 정도 오를 수 있는지 설명해주었습니다. 그리고 그 노력 수준이 생각보다 높지 않고, 그것을 조금씩 실천하다 보면 다음 단계에 오르고 싶은 마음이 들 것이라고 이야기해주었습니다. 실제 등급별 분포 그래프를 보여주면서 이야기를 해주었더니 다음 시간에 교무실로 찾아와 이야기하는 학생들이 있었습니다. "선생님, 정말 조금만 더 노력해도 성적이 오를 수 있을까요?", "지금 시작해도 늦지 않나요?", "저 수학 공부 시작해볼래요." 성적으로 동기부여를 했지만, 그 바탕은 성장 마인드셋으로 동기를 세운 것입니다. 포기하지 말고 누구나 노력하면 성장할 수 있다는 의미로 이야기를 했던 것이기 때문이거든요.

Ⓐ 저는 중 3 학생들 대상으로 학년 말 시간관리 전략 프로그램을 운영한 적이 있습니다. 중 3뿐 아니라 중·고등학교 12월 학년 말은 죽은 시간이라고 말할 정도로, 시험도 끝나고 진도도 다 나간 상태라 어쩌면 무의미하게 흘려보내게 되는 시간입니다. 이 시기를 보다 의미 있게 보낼 수 없을까 고민하던 차에 시간관리 전략 16차시 프로그램을 계획하여 학생들과 함께 해보는 시간을 가졌습니다. 가르치는 반을 대상으로 운영하였고, 활동을 통해 몸으로 기억한 것은 오래 남기 때문에 강의를 최소화하고 모든 차시를 활동으로 동기부여하고 전략을 적용해보도록 구성하였습니다. 고등학교 입학을 앞둔 시기라 공부에 대한 관심도 높았고 자기관리에 대한 욕구가 컸던 것도 이 수업을 끝까지 할 수 있었던 동기가 되기도 했습니다.

특히, 계획을 세우고 실천하는 습관을 들이는 과정에서 처음에는 제가 제공해 준 틀을 활용해서 연습하는 것으로 시작했습니다. '이런 프로그램 한 번 한다고 뭐가 달라지겠어요.'라고 말하는 학생들에게 연습을 한 번이라도 해 본 것은 다시 시작할 때의 낯섦을 극복하게 해준다고 말해주며 프로그램 기간만이라도 꾸준히 연습해보자고 독려해주었습니다. 이를 계기로 자기에게 맞는 플래너를 찾아 꾸준히 실천하며 성장하고 있는 학생들도 보았고, 주먹구구식으로 해야 할 일을 하던 학생들도 오늘 해야 할 일이 뭐지? 라고 생각하면서 매일 해야 할 일을 생각하고 메모하는 습관을 지니게 되었다는 후기를 듣기도 했습니다. 교사가 할 수 있는 역할이 뭘까 생각해 보게 되었는데요, 학생들이 시작할 수 있게 촉진하는 역할을 하면 동기부여가 된다는 것을 다시 한 번 느꼈습니다.

A 선생님의 이야기를 들으니 저희 학급에서 진행했던 습관 프로젝트가 생각났습니다. 교사인 제가 좋은 습관 만들기 프로젝트를 진행하고 싶었고, 함께할 학생들을 모았는데 이렇게 찾아온 친구들과 함께 프로젝트를 진행했습니다. 각자의 사물함에 점검표를 붙여놓고 서로 격려하면서 프로젝트를 진행했는데, 한 주가 지나니 다른 친구들이 찾아와서 함께 하고 싶다는 말을 하는 친구들이 생겼습니다. 그 친구들에게 점검표를 나눠주고 함께 프로젝트를 진행했었습니다.

또 한 가지 경험은 학교에서 독서 동아리를 만들어 운영한 것입니다. 독서 동아리를 만들어서 운영해야겠다고 생각을 하면 큰 부담이었을 텐데, 읽고 싶었던 책을 한 권 골라서 학생들에게 "선생님이 이 책을 읽고 싶은데, 혼자 읽으려니 힘이 들 것 같아. 혹시 같이 읽고 싶은 친구들이 있으면 함께 읽었으면 좋겠어."라고 안내를 했습니다. 그랬더니 의외로 함께 읽어보고 싶다는 친구들이 여럿 찾아왔고, 함께 홍보 포스터도 만들고, 책도 함께 읽고 발제를 하면서 즐거운 시간을 보냈습니다. 그 책 이름은 〈엘러건트 유니버스〉라는 책이었습니다. 현대물리학에서 말하는 이론 중에 '끈이론(String Theory)'을 설명해놓은 책으로 고등학교 1학년 학생들이 읽기에는 조금 어려울 수도 있는 책이었습니다. 그런데도 학생들이 자발적으로 참여하니 발제 수준도 높고 질문도 탁월하였습니다. 이 친구 중에는 지금 대학에서 물리학을 전공하고 있는 친구도 있습니다. 교사가 다양한 경험의 기회를 던져주는 것도 중요함을 느꼈습니다.

두 사례 모두 저의 목표는 학생의 자율성을 자극하는 것이었습니다. 학급 전체에게

다 같이 하자고 끌고 가는 것이 아니라 프로젝트를 함께 진행하고 싶은 친구들을 모아 교사와 학생이 상하 관계가 아니라 수평 관계로 서로 돕는 마음을 심어주고, 다른 친구들도 궁금해서 함께 참여하고 싶도록 유도하는 것이었습니다.

A 학교에서 학습코칭을 도입해 수업을 하다가 두 딸을 데리고 인도네시아 발리에서 2년 동안 살게 되었습니다. 그곳에서 보육원 학생들에게 수학을 가르치는 봉사를 했습니다. 수학을 가르치기 전 학생들을 잘 돕고 싶은 마음을 전했습니다. 첫 수업시간에 "얘들아 수학 공부를 왜 해야 할까?" 질문하고 준비해 간 허니컴 보드에 자신의 생각을 기록해 개인 사물함에 붙이고 함께 읽어보았습니다. 다음 시간에는 '세계적인 야구선수 오타니 쇼웨이의 목표달성표'를 작성하였습니다. 보육원에서 꿈 없이 지내던 학생들이 자신의 꿈을 생각해 보고 꿈을 위해 무엇을 해야 할지 기록하면서 수학을 포기하지 않고 공부하였고 그 뒤에 알려주는 학습 전략에 대해서도 눈을 반짝이며 들었습니다.

보육원 봉사 이외에 발리에서 국제 학교에 다니는 한국 학생들을 대상으로 학습코칭 특강을 진행하였습니다. 첫 번째 특강으로 도형심리학을 통한 자신의 이해에 대한 강의가 끝나고 나서 한 여학생이 다가와 "선생님 제가 요즘 왜 이렇게 힘든지 이제 이해가 되었어요."라고 했던 말이 기억에 남습니다. 전형적인 동그라미 유형인 여학생은 주변과 가정에서 관계에 어려운 일이 생기자 고 3이 되어 한창 공부에 집중해야 할 때 무기력해져 있었습니다. 그런데 특강이 이어질수록 이 여학생의 얼굴은 점점 밝아졌고 마지막에 꿈 선언서를 작성하며 고민 중이던 자신의 진로를 확정하고 다시 공부를 시작하였습니다. 학습코칭이 한국뿐 아니라 외국 학생들과 외국에서 공부하는 한국 학생들에게도 도움이 된다는 것을 확인할 수 있었습니다. 자기 이해를 바탕으로 어떻게 살 것인지를 생각해 보게 하고 꿈을 찾도록 하는 것이 학생들 한 명 한 명을 자기 주도적으로 움직이게 하는 힘이 된다는 것을 확인하였습니다.

Q 동기부여라는 것이 한 가지 길만 있는 게 아니라, 다양한 방법이 있다는 것을 다시 확인해 볼 수 있었습니다. 그렇다면 학급 안에서 성장 동기를 높이는 사례는 무엇이 있을까요?

A 교사는 주로 학생들을 교실에서 1년 정도 만나게 되는데 이 짧은 시간 동안 교사 한 사람이 한두 명도 아닌 많은 학생의 자기 주도적인 성장 동기를 높이고 이것을 지속하게 하는 코칭이 과연 가능한 일일까라고 저도 생각한 적이 있었습니다. 그래서 개별적으로 학생들을 돕는 것도 필요하지만 학생들의 성장 동기가 세워지려면 연대를 통해 그 동기를 지속하게 하는 것이 중요함을 알게 되었습니다.

첫 번째는 부모님과의 연대입니다. 바쁜 교사의 일상 속에서 이 부분은 참 놓치기 쉽습니다. 학생들의 공부하려는 마음을 일으키려 해도 가정에서 어려움이 있으면 학교에서 공부하려는 마음이 잘 생기지 않습니다. 부모님과 상담을 하게 되면 가정에서 학생이 겪고 있는 상황을 이해하게 되어 더 잘 도울 수 있습니다. 예전에 한 학생과 상담을 한 적이 있는데 가정의 문제로 학생이 죽고 싶다는 이야기를 하였습니다. 너무 심각한 상황이었고, 어머님과 아버님을 모시고 상담을 했습니다. 너무 바쁜 시기라 부모님의 방문이 조금 부담스러웠지만 그래도 학생을 위해서는 부모님이 이 상황을 아셔야 한다고 생각했습니다. 학생의 마음 상태를 아신 부모님은 매우 놀라셨고, 그 뒤로도 학생을 돕기 위해 부모님도 함께 노력하셨습니다. 가정에 문제가 있으면 부모님들은 그 문제에 집중하여 학생을 놓치기 쉽다는 것을 그때 알게 되었습니다. 그런데 상담이 진행되는 기간 동안 학생은 자신의 입장만 이야기하면서 부모님을 이해하려 하지 않았습니다. 결국 집도 나가고 더욱 상황이 악화하는 듯했습니다. 거의 일 년 가까이 학생과 상담을 하면서 마음을 회복시켜 주려고 노력했는데 '안 되는 건 안 되는구나.'라는 생각을 할 때쯤 겨울방학에 학생으로부터 문자 메시지가 왔습니다. 지금은 부모님과 잘 지내고 있으며 그때는 자신의 입장만 생각하다 보니 선생님 말씀이 귀에 잘 안 들어왔는데 돌이켜보니 선생님 말씀처럼 부모님의 노력이 보여 감사하다고 전했습니다. 교사가 학생 뿐 아니라 가정도 회복시켜 줄 수 있는 존재라는 것을 경험하였습니다.

두 번째는 학생들끼리 연대할 수 있도록 하는 것입니다. 그리고 세 번째는 교과 선생님들과 학생들이 연대할 수 있도록 하는 것입니다. 교과 선생님과 학급 학생들의 좋은 관계성을 만들기 위해서 다양한 학급 이벤트를 통해 선생님들께 감사의 마음을 표현하는 시간을 갖기도 하였습니다. 스승의 날 선생님께 편지쓰기, 크리스마스 카드 만들고 마음 표현하기, 학기 말 선생님들께 롤링페이퍼를 만들어 선물하기 등입니다. 이렇게 학생들이 선생님들께 사랑을 표현하면 교과 선생님들은 학생들에게 받은 감동으로 학생들을 더 칭찬해주시고 격려해주셨습니다. 하루는 수학 선생님께서 저희 반 학생이 일 년 내내 자신에게 감정이 상해 표정이 안 좋고 자신을 싫어하는 줄 알았는데 롤링페이퍼에 가르쳐주셔서 감사하다는 말을 썼다면서 학생처럼 기뻐하시는 모습을 보았습니다. 이런 활동을 계기로 학생들과 교과 선생님들의 관계가 좋아지고 관계의 선순환을 일으키면서 교실에서 학생들의 성장 동기가 살아나는 경험을 하였습니다.

이렇게 교실 속 학생들이 행복하게 성장하기 위해서는 많은 사람의 연대와 노력이 필요합니다. 학생들은 관심과 사랑 속에서 더 성장하려는 마음이 일어납니다. 일 년간 이런 마음을 경험한 학생들은 그 마음의 힘으로 평생을 살아가는 힘을 갖게 되기도 합니다. 학생들이 살면서 다양한 역경을 만날 수 있지만, 그것을 이겨내는 힘을 갖게 된다면 학생은 저와 만난 일 년을 계기로 계속해서 성장해 갈 수 있다는 것을 경험하였습니다. 고등학교를 졸업하는 학생이 남긴 메시지가 생각납니다. "선생님과 1년 동안 함께한 생활과 윤리 수업을 통해 성인이 되어서도 더 잘 지낼 수 있을 것 같습니다."

Q 연대, 다시 말해서 관계를 맺고 함께 협력하는 것의 가치와 중요성을 이야기 나누었습니다. 조금 더 범위를 확장해 수업, 학급 안에서의 관계를 넘어서는 더 큰 범위의 관계를 생각해 볼 수도 있을 것 같습니다. 만남을 디자인하는 교사로 다양한 만남의 경험을 통해 학생들의 학습 동기를 세워주었던 경험들에는 무엇이 있을까요?

A 고등학교 2학년 학기말 시험이 끝나고 수능을 바로 본 두 명의 고3 선배를 교실로 초대해 특강을 했었습니다. 물리를 열심히 공부했던 선배를 통해 공부를 어떻게 하였고 수능을 준비하는 시간 동안 슬럼프는 어떻게 극복했는지를 묻고 답하는 시간은 이제 곧 고3이 되는 후배들에게 큰 도움이 되었습니다.

또 기억에 남는 만남의 사례로 우리나라 유기농 텃밭 1세대이신 심민보 선생님을 모시고 했던 특강이 있었습니다. 대기업에 다니던 중 해외연수를 가서 유기농 텃밭을 보고 아이디어를 얻어 한국에 돌아와 회사를 그만두고 유기농 텃밭을 시작하신 분이십니다. 몇 년 뒤 친구들은 대부분 퇴직을 하였는데 선생님이 운영하는 유기농 텃밭은 새로 분양을 원하는 사람들이 1년 이상 기다려야 했습니다. 특강 시 농사를 할 때 사용하는 호미나 농기구에 어떤 과학적 원리가 숨어있는지 또 어떻게 사용하면 물리적으로 적은 힘을 들여 효과적으로 사용할 수 있는지 설명해주셨습니다. 또한 날씨와 지역의 특성을 어떻게 연결했는지를 듣자 학생들은 '지금 배우고 있는 지식이 이렇게 연결되는구나!'라고 생각하면서 과학 공부의 중요성을 자연스럽게 알게 되고 과학 공부를 하려는 동기가 부여될 수 있었습니다.

이렇게 만남과 연대의 중요성을 경험하게 되었고 이후로도 학부모님이나 주변 지인들 또는 영상을 통해 전문가와의 만남을 연결해 나갔습니다. 그런 만남은 학생들이 꿈

너머 꿈을 꿀 수 있도록 해서 어떤 직업을 가질 것인가가 아니라 어떤 삶을 살고 싶다는 마음을 불러일으킬 수 있게 해주었습니다.

🅐 수능 이후 고1 학생을 대상으로 고3 선배와의 만남을 주선했습니다. 고3 학생 두 명 중에 한 명은 교과 성적이 아주 우수하지는 않지만 비교과 활동을 통해 원하는 대학에 입학한 학생이었고, 다른 한 명은 3년 내내 교과성적이 우수한 학생이었습니다. 담임 선생님이 이야기 해 줄 때에는 늘 들어왔던 교과서 이야기라고 생각하며 시큰둥했던 학생들이 선배들이 직접 겪은 이야기를 들을 때에는 태도부터 달랐습니다. 공부 방법, 고교 생활, 비교과 활동 등 학교 생활을 더 적극적으로 해야겠다는 동기를 얻을 수 있는 시간이었습니다.

또 다른 사례로 고3 학생들의 생활과 윤리 과목 수행평가로 주제발표를 했는데 그때 환경 관련 주제발표를 잘 한 학생을 1학년 환경 동아리에 초대하여 후배들 앞에서 발표하게 하고, 환경문제에 대해 함께 고민하고 나누는 시간을 통해 학생들끼리 환경문제를 더 깊게 나누면서 성장하는 기회가 되었습니다.

학습코칭을 하다 보면 나의 힘과 에너지가 너무 많이 필요하다는 생각에 선뜻 시작하기가 어렵거나, 막상 시작했다 하더라도 하다가 지칠 때가 많습니다. 그런데 선생님들의 이야기들을 들어보니 교사들만의 에너지를 활용하는 것이 아니라 다양한 만남의 요소들을 통해 그 에너지를 분산시킬 수 있다는 것이 큰 의미가 있는 것 같습니다. 결국 우리가 강조했던 이야기, 협력과 연대하는 것. 이것이 학생들에게만 강조할 것이 아니라 교사인 우리가 먼저 실천해볼 수 있는 영역이라는 생각이 들었습니다.

Q 학습유형에 대한 이해를 바탕으로 모든 학생에게 배움이 일어나는 수업에 대한 고민을 풀어보고 싶습니다. 먼저 학습코칭을 하면서 공부의 동기를 일으키기 위해 어떤 것부터 시작하는 것이 좋을까요?

A 교사가 학생들의 공부 동기를 세워주기 위해서는 교사부터 자기 자신을 이해하는 것이 우선되어야 합니다. 자신의 유형을 파악함으로써 자신의 강점을 살리고 부족한 부분을 알아차리는 과정이 교실 속에서 학생들의 공부 동기를 세우는 데 중요한 역할을 하기 때문입니다.

예를 들어 저는 별 유형이어서 반짝반짝한 아이디어가 있고, 학생들을 바라보는데 기준이 높지 않아서 학생들에게 칭찬을 많이 하고 격려합니다. 그래서 학생들의 자율성을 바탕으로 교실을 운영하다 보면 학생들이 이 자율성을 바탕으로 유능감이 올라가고 그 안에서 관계성이 회복되는 경험을 했습니다. 그런데 별 유형은 세부적인 것에 약하기 때문에 학생들에게 전달사항을 놓치기도 하고, 수업 시간에 판서를 할 때에는 체계적으로 정리하지 못하는 것이 약한 점이기도 합니다. 그래서 저는 저의 교수유형을 파악해서 저와 다른 유형의 학생들을 배려하는 수업을 진행하려고 노력합니다.

동그라미 유형의 선생님은 학생들과 관계를 잘 세우는 활동들로 시작하게 되면 학생들이 관계가 좋아지고, 그 관계 안에서 유능감을 많이 확인하게 되며 자율적이고 역동적으로 움직이게 됩니다. 세모 유형 선생님은 학생들의 유능감을 먼저 세워주는 활동으로 동기 세우기를 시작하면 이러한 것들이 맞물려 돌아가면서 교실 속 공부 동기가 살아날 수 있을 것입니다.

Q 중학교 3학년 학생들을 대상으로 16차시 시간관리전략 학년 말 프로그램을 운영하시면서 학습유형과 관련한 고민의 지점들이 있었다고 알고 있는데요, 그것이 어떤 부분이었고, 그 대안에 대해 생각하신 부분이 있는지 말씀해주시 겠어요?

A 프로그램을 운영하면서 아쉬웠던 것은 습관 형성 프로젝트를 끝까지 참여하는 학생들은 한 학급의 25% 정도였고 그중에서도 상당수가 네모형 학생들이 많았던 것입니다. 도대체 별형과 동그라미형 학생들은 다들 어디에 갔을까 하는 생각이 들었습니다.

순차적인 과정을 즐기며 차근차근 자기에게 주어진 과제를 성실히 하는 네모형 학생들에게는 이 과정이 어렵지 않게 느껴졌겠다고 생각이 들었습니다. 교사가 네모형이고 이 프로그램이 네모형 학생에게 최적화된 프로그램은 아니었나 성찰해보게 되었습니다.

시간관리 전략 프로그램 전반부의 경우는 학생들이 의미도 찾고 동기나 필요성을 확인하고 활동 자체를 이해하기에 어려움이 없었는데, 주간계획을 세우고 실천하는 과정에서 이탈하는 학생들이 생기기 시작했습니다. 무엇보다 학생들에게 제시한 주간 계획표 양식이 별형이나 동그라미형 학생들에게는 그다지 매력적이지 않았습니다. 동그라미나 별형의 학생들도 도전해볼 수 있고 그들의 유형의 장점을 살릴 방법이 필요하다는 생각을 하게 되었습니다. 그래서 학습유형의 특징에 맞는 구체적인 대안을 여기 계신 선생님들과 나누어 보았습니다.

별형 친구들에게는 다음과 같이 제안했습니다. "선생님이 제공하는 플래너가 아니라, 종이를 한 장 나누어 줄 테니 직접 플래너를 만들어보자. 이 플래너의 용도는 매일 자신이 할 일과 학습 분량을 적어보고 자신이 목표한 분량들을 체크하는 용도로 쓸 거야. 본인이 원하는 플래너 양식을 제작해 보자."라고 말입니다. 별형 학생들은 창의적인 작업을 선호하기 때문에 이렇게 제안하면 누구와도 같지 않은 자신만의 플래너를 만들면서 흥미와 재미를 느끼고 자신이 만든 플래너를 실천하려는 마음을 갖게 될 것입니다.

또 다른 예로 습관 달력도 교사가 제공하는 형식이 아니라 자신만의 점검표를 만들어 활용해도 좋습니다. 수행평가 도장판도 직접 만들라고 했더니 50층짜리 아파트를 만드는 친구도 있었습니다. 자신만의 습관 달력을 만들어서 활용하면 좀 더 잘 하고자 하는 동기가 부여될 수 있습니다. 동그라미형의 경우, 좋아하는 친구들과 협업하는 것을 선호하므로 친구들이나 교사와 피드백을 할 수 있도록 하면 좋습니다. 중요한 것은 교사인 자신을 이해하고 다양한 학습유형에 대한 이해를 바탕으로 학생들을 도울 수 있는 구체적인 방법을 끊임없이 고민해야 합니다.

Ⓐ 학습코칭 연구회가 이렇게 오랜 시간 동안 모임을 유지할 수 있는 것은 서로의 다름을 이해하면서 판단하지 않고 존재 자체를 존중했기 때문입니다. 그것이 연구회의 성장으로 이어졌습니다. 얼마 전 네모형 선생님과 별형인 제가 차 안에서 대화를 나눈 적이 있었습니다. 제가 네모유형 선생님께 "그렇게 일만 하고 도대체 언제 쉬고 언제 노세요?"라고 질문을 했습니다. 네모형 선생님께서는 "할 일을 다 끝내고 쉬고 놀아야지."라고 말씀하셔서 "그럼, 평생 못 노시겠네요."라고 대답하였습니다. 그리고 "선생님은 왜 그렇게 힘들게 사세요?"라고 다시 질문했는데, 네모형 선생님께서 "별형인 선생님에게 할 일도 다 마무리 안 되었는데 어떻게 놀 생각을 하지?라고 말하면 어떻겠어?"라고 말씀하는데 아차 싶었습니다. 이미 저는 저의 기준으로 저와 다른 선생님을 판단하고 있었던 것입니다. 서로의 삶을 그대로 존중하고 이해하기란 참 어려운 것임을 다시 한 번

깨달았습니다. 학급도 마찬가지입니다. 일회성 훈화나 활동으로 학생들이 서로를 이해하기란 쉽지 않습니다. 교사가 삶으로 실천하면서 많이 애써야 학생들도 조금씩 변하고 오랜 기다림 속에서 서로를 이해하는 문화가 자리잡게 됩니다. 학생들이 서로의 유형을 이해하고 서로가 다름을 이해할 때, 유형을 파악하는 것이 판단의 도구로 사용하는 것이 아니고 서로를 좀 더 깊이 이해하는 마음으로 작용할 때 진정으로 공부 동기가 생겨나는 교실문화를 만들 수 있습니다.

Q 교사의 목표는 교실의 모든 학생을 배움으로 초대하는 것일 텐데요. 이렇게 다양한 학생들을 수업에 참여하도록 하는 방법은 무엇이 있을까요?

A 오랜 시간 동안 학생들을 가르치며 학생들의 배움의 선호도가 다름을 알게 되면서 저의 수업에 변화가 시작되었습니다. 그동안 많이 고려되지 못했던 별형과 동그라미형의 학생들을 포함해 모든 학생이 수업에 참여시키기 위해 고민을 이어가던 중 버니스 매카시의 4MAT 사이클을 알게 되었고 "아, 이거다!" 하는 마음이 생겼습니다. 왜냐하면 선생님들이 자신의 교수 경향을 넘어 다양한 배움의 선호도를 지닌 학생들을 참여시킬 수 있는 좋은 방법이라고 생각했기 때문입니다.

예를 들어 읽기 전략을 가르칠 때 4MAT 사이클을 적용해 "얘들아 읽기가 왜 중요할까?"라고 질문하고 모둠별로 마인드맵으로 작성해 학생들이 스스로 읽기의 중요성을 학생들 스스로 생각해 보게 하였습니다. 동기부여하고 읽기 전략을 통해 핵심을 찾는 예를 들어주고 시험 문제를 낼 때도 읽기 전략을 통해 핵심을 찾아 출제한다는 것을 설명해 읽기 전략의 중요성을 동기부여 하였습니다.

이후 전략을 하나하나 설명해줍니다. 그런 다음 실제 교과서를 읽기 전략대로 실습해

보고 숙련되게 하고 마지막으로 다른 과목에도 적용해 공부하고 스스로 읽기 전략을 응용해 볼 기회를 주어 완전히 자기 것으로 만들도록 합니다. 이 마지막 단계에서 학생들이 다른 친구들을 가르칠 기회를 주거나 질문을 통해 자신의 언어로 이야기해보도록 할 수 있습니다. 이렇게 먼저 동기부여하고 개념을 가르치고 숙련하고 응용하는 네 가지 단계로 가르치는 4MAT 사이클로 학습 전략을 가르치고 수업에 적용하면 더 많은 학생이 참여해 잘 배우도록 도울 수 있습니다.

학습코칭을 하며 가르치는 학생들뿐 아니라 더 많은 학생이 행복했으면 좋겠다는 생각을 하게 되었습니다. 그러면서 우리나라 공부문화가 긍정적으로 회복되기를 소망하게 되었습니다. 하지만 학생들을 잘 가르치는 것이 여전히 자신 없을 때가 있습니다. 전문적인 능력도 여전히 부족하지만, 시간과 마음을 들이는 것이 좀 지칠 때가 있습니다. 학습코칭을 연구회 선생님들 모두가 열정과 능력이 있어서 지금의 실천이 가능했던 것은 아닙니다. 공동체와 함께하다 보니 조금씩 계속 성장할 수 있었습니다. 학습코칭을 시작할 때 쉽게 시작할 수 있는 부분부터 시작하는 것이 중요합니다. 그리고 혼자면 어려움을 만날 때 그만두기 쉽지만, 누군가와 함께한다면 어려움을 넘어 계속할 수 있습니다.

제8장. 기억을 재발견하다, 기억 전략

- 고영성 외(2017), 완벽한 공부법, 로크미디어.
- 권혁도(2009), 꿈을 이루는 공부습관, 지상사.
- 김권수(2018), 빅브레인, 책들의정원.
- 김선자 외(2018), 교실 속 학습코칭, 함께교육.
- 데이브 엘리스(2009), 세계 최고의 학습법, 아시아코치센터.
- 데일 슝크(2006), 교육적 관점에서 본 학습이론 제4판, 아카데미프레스.
- 리차드 A. 그릭스(2016), 심리학과의 만남, 시그마프레스.
- 박동혁(2014), LAMP WORKBOOK PART 4 IE 정보처리 능력 향상 프로그램, 학지사.
- 베르나르 크루아질(2007), 기억 창고 정리법, 사이언스북스.
- 베셀 산드케(2018), 코끼리 아저씨의 신기한 기억법, 월천상회.
- 이규대 외(2019), 알고 나면 누구나 할 수 있는 협동학습, 함께교육.
- 이지성(2019), 에이트, 차이정원.
- 이민화(2017), 협력하는 괴짜, 시그니처.
- 조 볼러(2017), 스탠퍼드 수학공부법, 와이즈베리.
- 최귀길(2012), 나만의 공부 방법을 만드는 공부생 비법, 마리북스.
- 토니 부잔(1989), 마인드 맵 기억법, 평범사.
- 한나 모니어 외(2017), 기억은 미래를 향한다, 문예출판사.
- 한채우(2018), 혼자 하는 공부의 정석, 위즈덤하우스.
- KBS 〈과학카페〉 기억력 제작팀(2013), 기억력도 스펙이다, 비전코리아.
- Carmichael, L., Hogan, H. P., & Walter, A. A. (1932), An experimental study of the effect of language on the repruduction of visually perceived form, Journal of Experimental Psychology, 15: 73-86.
- Glenberg, A. M., Smith, S. M., & Greene, C. (1977), Type I rehearsal: Maintenance and more, Journal of Verbal Learning and Verbal Behavior, 16, 339-352.
- Katona, G. (1940). Organizing and memorizing. New York: Columbia University Press.
- Klatzky, R. L. (1980). Human memory: Structures and processes (2nd ed.). New York: freeman.

- Lechner, H. A., Squire, L. R., & Byrne, J. H(1999), 100 years of consolidation remembering Muller and Pilzecker, Learning & Memory,6(2),77.
- Mayer, R. E., & Sims, V. K. (1994). For whom is a picture worth a thousand words? Extensions of a dual-coding theory of multimedia learning. Journal of Educational Psychology, 86(3), 389-401.
- Miller, G. A. (1956) The magical number seven, plus or minus two: Some limits on our capacity for processing information. Psychological Review, 63, 81-97.

제9장. 시간에 재미, 의미, 깊이를 채우다, 시간관리

- 강규형(2013), 성과를 지배하는 바인더의 힘, 스타리치북스.
- 강성태(2016), 66일 공부법, 다산4.0.
- 고봉익 외(2010), 습관 66일의 기적, 새앙뿔.
- 고봉익 외(2014), 공부 계획의 힘, TMD북스.
- 고영성 외(2017), 완벽한 공부법, 로크미디어.
- 김선자 외(2018), 교실 속 학습코칭, 함께교육.
- 로버트 마우어(2016), 아주 작은 반복의 힘, 스몰빅라이프.
- 숀 코비(2005), 성공하는 10대들의 7가지 습관, 김영사.
- 스티븐 기즈(2014), 습관의 재발견, 비즈니스북스 .
- 스티븐 코비(2017), 성공하는 사람들의 7가지 습관, 김영사.
- 제임스 클리어(2019), 아주 작은 습관의 힘, 비즈니스북스.
- 조남호(2013), 스터디 코드, 알에이치코리아.
- 찰스 두히그(2012), 습관의 힘, 갤리온.
- 케빈 호건(2011), 168 시간, 일주일 사용법, 비전코리아.
- 하완(2018), 하마터면 열심히 살 뻔했다, 웅진지식하우스.
- SBS 스페셜 554회, 당신의 인생을 바꾸는 작은 습관, 2019.6.2.(일).

제10장. 학습코칭을 통한 성장 이야기

- 류태호(2019), 4차 산업혁명 교육이 희망이다, 경희대학교 출판문화원.
- 서경혜(2018), 교사학습공동체, 학지사.
- 조한혜정(2007), 다시, 마을이다, 또 하나의 문화.
- 파커 파머 (2008), 가르칠 수 있는 용기, 한문화.

- 후지요시 마사하루(2016), 이토록 멋진마을, 황소자리.
- 조윤정 외(2016), 전문적 학습공동체 사례 연구를 통한 성공요인 분석, 경기도교육연구원.

제11장. 미래 교육의 열쇠, 학습코칭

- 김남진(2019). 보편적 학습설계의 심화. 양서원.
- 김성천(2011), 혁신학교란 무엇인가, 맘에드림.
- 김현섭, 장슬기(2019), 미래형 교육과정을 디자인하다, 수업디자인연구소.
- 류방란 외(2018), 4차 산업혁명 시대의 교육: 학교의 미래, 한국교육개발원.
- 리사 손(2019), 메타인지 학습법, 21세기북스.
- 소경희, 이화진(2001), 지식기반사회에서의 학교 교육과정 구성을 위한 기초 연구(II), 한국교육과정평가원.
- 이영희 외(2018), 유초중등 교육분야 미래 교육 비전 및 교육개혁 방향 연구, 국가교육회의.
- 정제영(2017), 4차 산업혁명 시대의 학교제도개선 방안: 개인별 학습 시스템 구축을 중심으로, 교육정치학연구, 24(3), 53-72.
- 조난심(2017). 제4차 산업혁명과 교육. 교육비평, 38, 330-347.
- 조윤정 외(2021). 학습격차 해소를 위한 새로운 도전 보편적 학습설계 수업. 살림터.
- 클라우스 슈밥(2016), 클라우스 슈밥의 제4차 산업혁명(송경진 역), 새로운현재. (원서는 2016년에 출간됨)

1) 피터 디아만디스는 2008년 8월 싱귤래리티대학교 연례포럼 2018 개막식에서 인공지능 기술의 발전 속도로 볼 때 특이점은 그보다 훨씬 빠른 2035년에 올 것이라고 예측하고 있다고 발언했다.

2) 베셀 산드케(2018), 코끼리 아저씨의 신기한 기억법, 의 소개글을 재구성.

3) Maguire et al., 2006: Woollett & Maguire, 2011

4) 조 볼러(2017), 스탠퍼드 수학공부법, 와이즈베리.

5) 박동혁(2014), LAMP WORKBOOK PART 4 IE 정보처리 능력 향상 프로그램, 학지사. 참고

6) https://imnews.imbc.com/replay/2013/nwdesk/article/3282109_30357.html
MBC 뉴스, [뉴스플러스] 전자책이냐 종이책이냐…어린이 뇌 영향은?, 2013년 기사

7) Carmichael, L., Hogan, H. P., & Walter, A. A. (1932). An experimental study of the effect of language on the reproduction of visually perceived form. Journal of Experimental Psychology, 15: 73-86.

8) http://www.hani.co.kr/arti/PRINT/363993.html
"'벼락치기' 암기는 버려라", 한겨레 인터넷 신문, 2009년 기사

9) 한채우(2018). 혼자 하는 공부의 정석. 위즈덤하우스.

10) Glenberg, A. M., Smith, S. M., & Greene, C. (1977). Type I rehearsal: Maintenance and more. Journal of Verbal Learning and Verbal Behavior, 16, 339-352.

11) http://scienceon.hani.co.kr/?mid=media&category=178&page=2&document_srl=33758
[연재] 기억을 몰아넣는 공부, 잠 못 드는 뇌의 소화불량, 사이언스올, 2010년 기사

12) 최규화. (2017.1.17.). 빅데이터 분석… 2017년 새해 다짐 1위는 '독서'. 북DB. 2020.4.28. http://news.bookdb.co.kr/bdb/CoverStory.do?_method=CoverStoryDetail&sc.page=1&sc.row=10&sc.webzNo=28153&sc.orderTp=1&listPage=&listRow=10&type=CoverStory&brunch

정보 분석 기업 닐슨코리아가 2017년 1월1~7일 사이 SNS(블로그, 카페, 페이스북, 트위터, 인스타그램 등)에 게시된 글 중 새해 다짐, 목표, 결심, 계획, 버킷리스트 등에 관한 총 24만 5000여건의 콘텐츠를 분석해 밝힘

13) 드래프트(Draft)는 프로 스포츠 리그에서 선수를 각 팀에 배분하는 것을 말함

14) SBS 스페셜 554회, 당신의 인생을 바꾸는 작은 습관, 2019.6.2(일).

15) 류태호(2019), 4차 산업혁명 교육이 희망이다, 경희대학교 출판문화원.

16) 클라우스 슈밥(2016), 클라우스 슈밥의 제4차 산업혁명(송경진 역), 새로운현재. (원서는 2016년에 출간됨)

17) 김현섭, 장슬기(2019), 미래형 교육과정을 디자인하다, 수업디자인연구소.

18) 4차 산업혁명 시대의 학교제도개선 방안: 개인별 학습 시스템 구축을 중심으로, 교육정치학연구, 24(3), 53-72.

19) 소경희, 이화진(2001), 지식기반사회에서의 학교 교육과정 구성을 위한 기초 연구(II), 한국교육과정평가원.

20) OECD(2001), Education Policy Analysis.

21) 소경희, 이화진(2001), 앞의 글, 155쪽.

22) 김성천(2011), 혁신학교란 무엇인가, 맘에드림.

23) 소경희, 이화진(2001), 앞의 글, 143~144쪽.

24) 소경희, 이화진(2001), 앞의 글, 145쪽.

25) 소경희, 이화진(2001), 앞의 글, 151쪽.

26) 류방란 외(2018), 4차 산업혁명 시대의 교육: 학교의 미래, 한국교육개발원.

27) 조난심(2017). 제4차 산업혁명과 교육. 교육비평, 38, 330-347.

28) 류방란 외(2018), 앞의 글, 23쪽.

29) 조윤정 외(2021). 학습격차 해소를 위한 새로운 도전 보편적 학습설계 수업. 살림터.

30) 김남진(2019). 보편적 학습설계의 심화. 양서원.

31) 김남진(2019), 앞의 글 50-54쪽.

32) 김남진(2019)의 51쪽 내용과 조윤정 외(2021)의 40쪽 내용을 참고해 재구성함.